IRLANDE
ANGLETERRE
ECOSSE
GALLES
SIAM
INDES
BIRMANIE
CEYLAN
CHINE
JAPON
CANADA
RUSSIE
GRÈCE
HONGRIE
JAMAÏQUE
DANEMARK
CORSE
SUÈDE

TERRE-NEUVE
SUD AFRIQUE
AUSTRALIE
Nelle ZÉLANDE
FRANCE
MAROC
ALLEMAGNE
FINLANDE
PORTUGAL
BELGIQUE
NORWEGE
TURQUIE
ÉGYPTE
PALESTINE
ESPAGNE
HOLLANDE
ITALIE
SUISSE

MARCHANDE DE CHRYSANTHÈMES

# LE JAPON

# LE JAPON

(MERVEILLEUSES HISTOIRES)

PAR

## JUDITH GAUTIER

DE L'ACADÉMIE GONCOURT

### PRÉFACE DE JEAN AICARD

DE L'ACADÉMIE FRANÇAISE

ILLUSTRÉ DE 12 PLANCHES
EN COULEURS ET D'UNE CARTE

## LES ARTS GRAPHIQUES

EDITEURS

; RUE DIDEROT, VINCENNES

1912

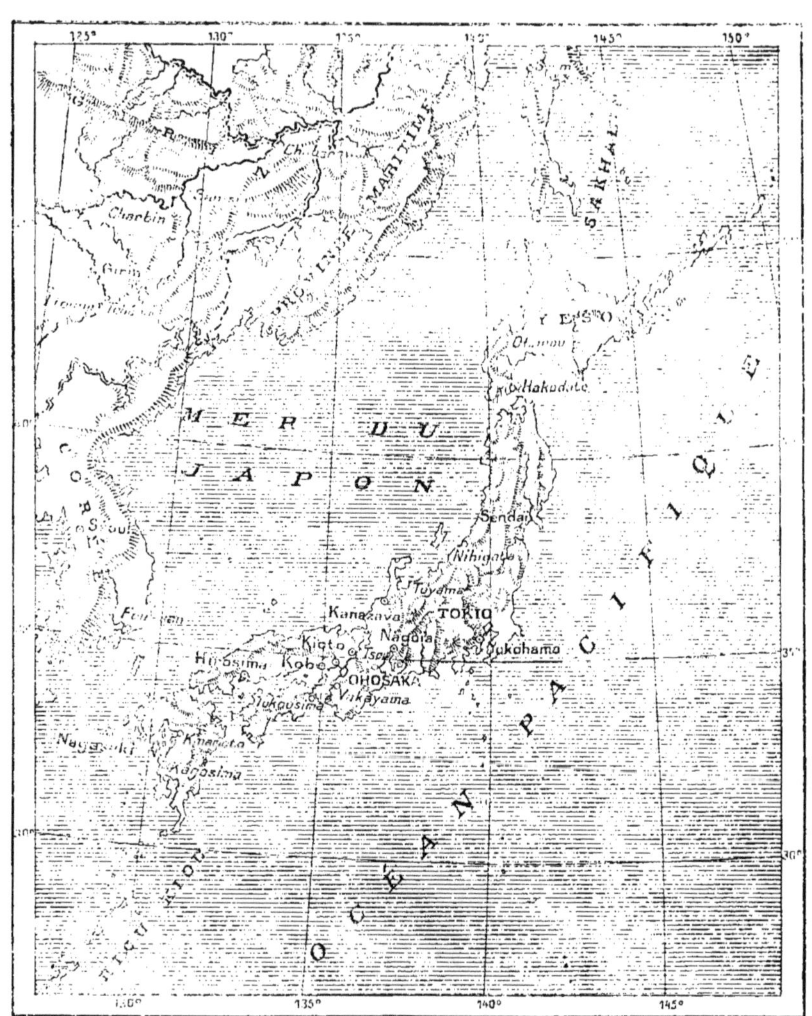



CARTE DU JAPON

# PRÉFACE

### PAR

### JÉAN AICARD

# PRÉFACE

PAR JEAN AICARD, DE L'ACADÉMIE FRANÇAISE.

" Faire un beau voyage," quelle émotion soulevaient ces simples mots dans notre cœur d'enfant ! Quel trouble délicieux ils y éveillent encore !

Espérer, c'est vivre. Nous ne vivons vraiment que par l'attente d'on ne sait quoi d'heureux qui va probablement nous arriver tout à l'heure . . . ce soir . . . demain . . . ou l'année prochaine. Alors, n'est-ce pas ? tout sera changé ; les conditions de notre vie seront transformées ; nous aurons vaincu telle ou telle difficulté ; triomphé de l'obstacle qui s'oppose à notre bonheur, à la réalisation de nos désirs d'ambition ou d'amour. L'enfance, puis l'adolescence, se passent ainsi à appeler l'avenir inconnu, à le rêver resplendissant de couleurs magiques. Être jeune, c'est espérer, sans motif raisonné, malgré soi, à l'infini — c'est-à-dire voyager en esprit vers des horizons toujours nouveaux — courir allègrement au-devant de toutes les joies.

La plupart des hommes, rivés aux mêmes lieux par la nécessité, s'habituent à ne plus rien attendre. Ils ont appris plus ou moins vite que demain sera pour eux tout semblable à hier ; la ville ou le village ou les champs qu'ils habitent ne leur apprendront jamais rien de plus que ce qu'ils savent.

# Préface

Dès qu'ils en sont sûrs, c'est qu'ils ont vieilli, vraiment vieilli — de la mauvaise manière ; mais, même alors, il arrive que ces mots enchantés, " faire un beau voyage," raniment en eux la force d'espérer, de rêver, de vouloir et d'agir. L'illusion féconde, dont parle le poète, rentre dans leur cœur. Et dès qu'ils se mettent en route, ils se persuadent qu'à chaque détour du chemin ils vont, comme le héros de Cervantès, voir apparaître l'Aventure, la chose nouvelle, l'événement exquis que les sédentaires (ils le croient du moins) ne sauraient rencontrer.

Et c'est là proprement le charme du voyage ; il est dans le renouvellement indéfini de notre faculté d'attendre avec joie. Voyager, c'est espérer ; voilà pourquoi le voyage est parfois un remède efficace aux grands chagrins. Il nous force à espérer encore. Un désir de voyage est essentiellement un désir de nouveau et d'amusant, d'inédit, de romanesque ou de féerique — en tous cas, de non-encore-vu.

L'avènement de l'exotisme en littérature a été un rajeunissement.

Le personnage de Robinson Crusoë incarne le voyage même, et il semble bien que jamais livre n'obtint succès plus grand et plus durable.

L'apparition de Paul et Virginie fut un enchantement. C'étaient Adam et Ève tout enfants, dans un Éden tout nouveau. Le voyage avait rajeuni l'innocence et l'amour même.

La curiosité et l'espoir se sentirent vivifiés avec Chateaubriand, puis avec Pierre Loti.

Nous autres, écoliers du XIX<sup>e</sup> siècle, n'avons-nous pas lu un moment, avec avidité, derrière un rempart de dictionnaires, de médiocres histoires de chasses en

# Préface

Amérique, d'Apaches et de Comanches — et sans images. Quant à la vraie géographie, à l'ethnographie scientifiques, avant les Reclus, elles se présentaient à nous sans ornement, sans pittoresque, sans couleur — dans des livres un peu ennuyeux et qui, en effet, nous rebutaient souvent.

On a compris aujourd'hui que les livres " d'instruction " destinés aux enfants doivent s'adresser à leur sensibilité, se faire aimer d'eux, exciter en eux " l'espérance," la bonne curiosité, c'est-à-dire la joie de vivre.

Les éditeurs des " Arts Graphiques " ont le projet de publier des ouvrages dont les illustrations, vivantes et colorées, documents précis, seront à la fois destinés aux jeunes écoliers et aux hommes, ouvrages d'éducation et d'amusement pour les uns, albums de souvenirs pour les autres.

Les six premiers volumes sont consacrés à l'Espagne, au Maroc, à l'Egypte, aux Indes, à la Chine et au Japon.

On n'attend pas ici une critique de textes, dus

à Monsieur Friedel, Bibliothécaire au Musée Pédagogique, auteur du volume sur l'Espagne ;
à Monsieur le Commandant Haillot, détaché à Casablanca, auteur du volume sur le Maroc ;
à Monsieur Jean Bayet, attaché au Ministère de l'Instruction Publique, auteur du volume sur l'Egypte ;
à Monsieur le Capitaine Marcel Pionnier, Chargé de Missions par le Gouvernement, auteur du volume sur les Indes ;

# Préface

Et enfin à Madame Judith Gautier, Membre de
l'Académie Goncourt, auteur des volumes sur la
Chine et le Japon.

On trouvera, parmi les signataires des six volumes
qui suivront, des noms des plus connus :

Monsieur Bricux, de l'Académie Française, auteur
du volume sur l'Algérie ;
Monsieur de Noussanne, auteur du volume sur la
Russie, etc. etc.

Avec de tels noms d'auteurs, l'ensemble de ces
ouvrages se présente assez heureusement de soi-même
au grand public ; mais ce qu'on peut tout particulièrement lui signaler, c'est l'intérêt que présentent les
jolies planches en couleurs dont ces livres sont enrichis.
La valeur documentaire positive en fait le premier
mérite ; il est décuplé, pour la plupart de ces planches,
par l'attrait que leur donne le ton à la fois juste et
aimable des coloris.

J'imagine que beaucoup de ces illustrations sont des
photographies en couleurs prises d'après nature ; telles
autres sont des aquarelles, assurément exécutées d'après
nature ; et toutes ces images sont des " portraits de
pays " ressemblants et vivants.

Commenté par de pareilles images, le texte parlera
aux yeux des enfants, fixera leur attention ; et, après
les avoir vues, ils n'oublieront plus le pays où ils
croiront avoir réellement voyagé.

En chaque série se résument les caractères généraux,
très différents — des grandes contrées qu'elles mettent
sous nos yeux.

Certes, la photographie de nos jours nous présente

PORTIQUE SACRÉ

# Préface

partout et à toute heure des documents aussi précis,
mais non pas avec cette variété et cette gaîté de couleurs
qui, pour les petits et les grands, est un attrait des plus
vifs . . . qu'on se rappelle l'influence de l'ancienne et
naïve imagerie d'Epinal sur nos cerveaux enfantins.
Heureux les enfants d'aujourd'hui !

Comment, avec des mots, à moins d'être Pierre Loti,
donnerez-vous au lecteur l'idée de ce que peut être un
prince hindou, un maharadja en grand costume ?  Et
que vous en dirait la photographie sans la couleur ?
Comment saurez-vous que l'éléphant qui porte ce
prince est vêtu d'un brocart d'or ? que le char sans
roue, le trône, qu'on voit sur le dos de l'énorme animal
est, comme le prince, un ruisselement de dorure ?
L'image coloriée peut seule le dire ; à elle seule elle
est un conte féerique ; et voilà une façon gaie
d'apprendre aux bambins ce qu'est un maharadja et
dans quelles somptuosités il parade parfois, sous un
parasol d'or, et sur un éléphant recouvert d'or flam-
boyant et de pierreries rutilantes.

Le texte des deux volumes sur la Chine et le Japon
a été demandé à Madame Judith Gautier.
Personne ne pouvait mieux qu'elle parler de cette
Chine " qui a inventé tout ou presque tout, à une
époque des plus reculées."

Lorsque cette série de douze beaux voyages s'achèvera
par un voyage en Alsace-Lorraine signé d'un nom
aimé et respecté, elle aura vraiment une signification
éducatrice complète.  Après avoir fait aimer aux
esprits les moins aventureux le voyage d'agrément ou
l'utile voyage d'exploration et de colonisation, elle

# Préface

affirmera que notre patrie aussi est belle — et semble
plus belle encore, lorsqu'on la compare.

N'oublions pas que, parce qu'elle est belle et riche,
la patrie française est, pour d'autres hommes, un objet
de rêve et parfois de mauvaise envie. Un des fruits
les plus savoureux des beaux voyages est l'estime
nouvelle, l'amour renouvelé qu'ils nous inspirent à
l'heure du retour, pour les mérites, pour les beautés de
la terre française, pour " l'enchantement du ciel de
France."

Dès que le Français s'est éloigné un temps de notre
mère-patrie, il s'aperçoit mieux que jamais qu'elle
a des vertus et des charmes incomparables. Plus
qu'ailleurs, en France, l'homme trouve sécurité et
liberté, on ne sait quelle façon d'aimer les autres
hommes, que tout l'univers connaît bien — et qui fait
dire quelquefois aux gitanes, ces sans-patrie : " C'est
encore en France qu'on est le plus libre, et le moins
malheureux."

Ceci est le mot authentique d'un bohémien dont le
voyage fut la vie même.

JEAN AICARD

SAINT-RAPHAËL,
*Août* 1911

# LE JAPON



Les lettrés Japonais sont obligés de confesser leur ignorance de l'origine de leur nation. Sur ce point, l'histoire en défaut doit céder le pas à la légende. Nombreuses sont les hypothèses qui veulent jeter quelque lumière sur ces commencements obscurs ; mais nous n'en retiendrons qu'une, la plus séduisante.

Vers le VII<sup>e</sup> siècle avant J.C. régnait, en Chine, le terrible Si Kouo, véritable Néron de l'Empire Céleste, dont les fantaisies cruelles et coûteuses appauvrissaient ses sujets et les jetaient dans une épouvante continuelle.

Un jour, il imagina de faire creuser un lac qu'il fit remplir de vin, au lieu d'eau, et il s'y promena en barque avec toute sa cour.

Une autre fois, il éleva un palais de dimensions considérables et commanda que les planches fussent d'or et d'argent. L'histoire des Chinois qui note ces faits dit que lorsque, plus tard, pendant une guerre civile, ce palais fut incendié, les cendres mirent trois mois entiers à refroidir.

Pour suffire à ces dépenses, point n'est besoin de dire que les impôts étaient fort onéreux. Nul ne savait si le lendemain son champ lui appartiendrait encore ou

# Le Japon

s'il le verrait dévasté, voire même confisqué par le bon
plaisir du prince. Ceux qui l'approchaient journelle-
ment étaient les plus anxieux : un tyran qui se jouait
de la vie humaine, et qui, pour un léger manquement,
ou même sans raison aucune, faisait rouler les têtes à
ses pieds était fait pour inspirer la terreur. Mais il
était haï autant que craint. Lui, cependant, n'en
avait cure ; en quoi les sentiments de son peuple
pouvaient-ils l'atteindre ? Et en cela il pensait juste,
puisque les Chinois résignés, ne songèrent pas à secouer
son joug en le détrônant.

Mais cet empereur si superbe, dont le caprice était
la loi, ne vivait pas des jours tranquilles. Un ver
rongeur lui gâtait toute jouissance, le souci de son
trépas inévitable empoisonnait sa vie. Renoncer à
l'Empire, céder à l'inévitable, abandonner les plaisirs,
lui, l'autocrate superbe et voluptueux. Ces pensées
l'accablaient et pour leur échapper, il se prit à espérer
qu'un remède précieux le dispenserait du tribut que
tout homme doit payer. Il fit donc publier qu'une
riche récompense serait le partage de celui qui décou-
vrirait un préservatif contre la mort. Son premier
médecin, que l'inquiétude rendait malin, l'alla trouver,
et lui dit : " Sire, votre Majesté en a justement auguré.
Il existe, en effet, une plante dont le suc bienfaisant
recule, à l'infini, les bornes de la vie, mais elle ne croît
qu'au loin, dans les îles du Japon. Seules, des mains
pures doivent la toucher. Ordonnez donc que trois
cents jeunes hommes et autant de jeunes filles vierges

# L'Histoire

de corps et d'esprit m'accompagnent. Je les guiderai dans leurs recherches et avec leur aide, je vous rapporterai le remède souverain."

Le monarque, confiant en cette belle promesse, lui donna les six cents adolescents, et les équipa richement.

On ne les revit jamais, car ayant abordé dans l'île lointaine, ils apportèrent aux sauvages qui l'habitaient, leurs richesses, leurs arts, leurs sciences, leurs lettres, en un mot, toute l'antique civilisation chinoise.

Les Japonais ont conservé le souvenir de cette émigration, et montrent encore près de la côte, des grosses pierres, ruines du temple qu'on éleva jadis par reconnaissance à Sion-Fou, l'habile medecin.

### L'HISTOIRE

C'est vers la VI⁰ siècle que le Japon commence à relever du domaine de l'histoire. A ce moment, la période belliqueuse des invasions et des conquêtes s'achève. Il s'agit d'organiser les provinces acquises et de leur donner une forme de gouvernement. Les yeux fixés sur la Chine, à qui ils devaient déjà tant, les Japonais imitèrent sa constitution et l'empire centralisé naquit. Il eut pour chef le Fils du Ciel, le Mikado, " qui règne sur le Japon depuis le commencement des temps et à jamais." Toutefois, la constitution était peu en harmonie avec la conformation géographique du pays. Comme un vêtement usé et trop étroit, elle céda au bout de deux siècles, et la nation fut divisée en

# Le Japon

un grand nombre de principautés. Après des luttes
intestines qui durèrent assez longtemps, le sceptre
demeura aux mains d'un seul homme ayant sous lui
des vassaux nombreux. Ce fut le régime de la
féodalité.

Le Mikado était à la fois le Souverain et le Père de
son peuple : c'est dire que son pouvoir était illimité.
Trop auguste pour se laisser contempler par des yeux
profanes, il ne se montrait jamais, vivant retiré au fond
de son palais de Kioto. Il communiquait avec ses
sujets par l'intermédiaire du Shogoun ou Taicoun,
auquel il dictait ses volontés. Le shogounat devint
bientôt héréditaire et ce qui n'était, au début, qu'une
fonction, se transforma, peu à peu, en une royauté
réelle et puissante.

Les grands vassaux, propriétaires de fiefs considérables se nommaient *Daimio ;* au-dessus d'eux, il y
avait les Samuraï, officiers nobles, mais souvent très
pauvres. Le commerce leur était interdit. Enfin, au
dernier rang, les marchands et le bas peuple.

Cet état de choses dura fort longtemps et les révo-
lutions n'attentèrent, pour ainsi dire pas, à l'ordre
établi. De nos jours, seulement, en 1868, le Japon
subit une transformation politique. Las de n'être
plus qu'une formule, sans vie, sans pouvoir, le Mikado
rompit les barrières qui, sous prétexte de le garantir
contre la désécration, le retenaient prisonnier. Il fit
lui-même une révolution, et prit d'une main ferme les
rênes du gouvernement. Il conduit un peuple toujours

# Tokio

jeune, enthousiaste et actif dans la voie des progrès modernes.

LES NOMS

Il est nécessaire de savoir qu'au Japon les noms des villes comme les noms des personnes changent fréquemment, soit à la suite d'une aventure, soit après une commotion politique. Le royaume lui-même commença par s'appeler Akitsousima, l'île de la Libellule, à cause de sa forme. Vus d'une hauteur, en effet, ses contours rappellent assez l'insecte au long corps mince, aux larges ailes éployées ; plus tard il reçut le nom de *Yamato*, ce qui veut dire " Pays montagneux."

Enfin, le nom que nous lui donnons vient du Chinois Ji-pon. L'équivalent en Japonais de Japon est Hino-Mato, ce qui signifie " Lieu d'origine du soleil."

La capitale, Tokio, s'appela en 1600 Yeddo, et retint ce nom jusqu'à la révolution de 1868. Ce nom lui avait été donné par un illustre homme politique qui avait usurpé le pouvoir et qui s'appela successivement Tokougava-Hiéyas, Taketsio, Djiro-Sabouro-Moto-Nobou, Moto-Yasou-Kourande. Et, comme si ce n'était assez, on lui donna, après sa mort, un dernier nom, celui de Gonghen-Tosokou.

TOKIO

Avant 1600, un rude château fort du XIV<sup>e</sup> siècle s'élevait près de la baie ; et, à ses pieds, quelques rares villages du pêcheurs étaient disséminés à travers la plaine inculte. Ce fut l'ancien ministre de Taïko, Hiéyas, qui, sur le conseil de son maître, éleva sur cet emplacement abandonné une ville dont il fit sa capitale, après avoir usurpé le pouvoir royal. Sa dynastie ne fut détronée que par le Mikado lui-même, lorsqu'en cette année mémorable de 1868, il voulut bien sortir de l'extase où les Fils du Ciel étaient plongés depuis des siècles.

Cet empereur glorieux, qui prit en ses mains viriles le sceptre si longtemps au pouvoir des Shogouns, se nomme Mitsou-Hito, l'Homme conciliant, et c'est lui qui appela sa résidence Tokio.

C'est une grande ville, située au fond d'une baie charmante, et qui, sans aucune fortification, s'étale sur une plaine ondulée de collines. Les petites maisons entourées de jardinets en prennent à leur aise. Point d'alignement au cordeau pour former des rues droites et ennuyeuses. Un charmant caprice semble avoir présidé à la solution de ce grand problème : abriter dans une même cité plus d'un million d'habitants. Des rizières, arrosées de canaux et de rivières enjambées par des ponts nombreux, des châteaux princiers émergeant de vastes parcs, les forêts sacrées qui entourent les temples, donnent à l'habitant de la ville l'illusion de la campagne. Et, dominant fièrement le tout, l'enceinte fortifiée de l'immense palais impérial dresse ses bastions infranchissables.

Un chemin de fer relie Tokio à Yokohama, marquant ce sol aux paysages radieux de l'empreinte

LE TEMPLE

# Tokio

de la civilisation occidentale dans ce qu'elle a de plus laid.

A l'endroit où le train s'arrête, la ville nippone n'a, hélas ! aucun caractère individuel : on se croirait dans une ville banale des États-Unis. Mais, heureusement, cette impression décevante dure peu. Le temps de traverser un ou deux boulevards et l'on est dans de petites rues formées par une suite de petites maisons en bois, dont le toit se projette au-dessus des fenêtres, à vitres de papier, qu'il protège ; toutes ces maisons se ressemblent assez par la forme et la couleur un peu diluée par les intempéries.

D'autres rues sont larges et barrées de temps en temps par des portiques couverts d'un toit ; c'étaient autrefois des séparations qui indiquaient la limite des quartiers, et qu'on fermait régulièrement chaque soir. Mais cet usage est tombé en désuétude. Les rues sont toutes très animées par un peuple affairé. Il y a des voitures aussi, mais pas au point de former des encombrements comme sur les grands boulevards de Paris. A Tokio, la plupart des attelages sont traînés par des hommes, bien qu'il existe une misérable voiture à un seul cheval qui porte le nom peu glorieux de Kosika-bha-cha, c'est-à-dire, voiture de mendiant. Mais le mode de locomotion le plus gracieux et le plus confortable, est sans contredit le Norimono, jolie boite de laque doublée de délicates soies brodées, terminée à sa partie supérieure par de longs brancards qui dépassent des deux côtés et se posent sur les épaules

# Le Japon

des serviteurs nombreux. Elle rappelle, en son principe sinon par sa forme, la coquette chaise à porteurs du XVIIᵉ siècle.

Une grande rivière, le Soumida-Gava, traverse la ville. En suivant son cours, nous arrivons à la baie où sont amarrées force barques de pêcheurs. Tous les jours, ces barques remontent le canal, portant au marché des poissons aussi bizarres que variés : nos truites, dorades, saumons et maquereaux s'y trouvent un peu différents d'aspect et de grandeur ; on voit aussi d'énormes pieuvres, des crustacés et des coquillages de toutes sortes, et jusqu'à des algues comestibles. Les marchands excellent à faire de toutes ces denrées des étalages attrayants, aux couleurs vives, allant du rubis sombre à l'émeraude pâle.

### LE FOUSI-YAMA

Il attire irrésistiblement le regard, ce dôme qui s'élève au sud-ouest, et domine la ville, pâle, rosé, dans une flottante brume bleuâtre qui l'enveloppe tout entier, depuis sa base, qu'elle dissimule au point que la gigantesque montagne semble planer dans les airs. Inspirateur de beaux tableaux, de poésies enthousiastes, il se dresse là depuis des siècles, depuis qu'en l'an 285 avant J.C., en un tremblement de terre violent, il surgit du sol, atteignant du coup près de quatre mille mètres. Tous les Japonais en sont fiers, et l'aiment d'amour, ce Fousi-Yama, autrefois volcan terrible qui,

# Les Temples

au cours des ans, s'est apaisé et semble endormi, bien qu'à son sommet, le vent souffle sans relâche, et donne naissance souvent à de violentes tempêtes. Le monstre est-il inactif à jamais ? Qui oserait le croire ? Dans ce pays, où la terre frémit et oscille à tout moment, le cratère n'a sans doute pas dit son dernier mot. Un jour peut-être, il se réveillera, secouant et engloutissant les orgueilleuses demeures de pierre que les Japonais d'aujourd'hui préfèrent aux antiques maisons de bois.

## LES TEMPLES

Un des plus célèbres temples de Tokio s'appelle Asakusa, et il est dédié à Kuanon, déesse de la Miséricorde.

On accède à l'enceinte de ce temple par un portique monumental, précédé de lanternes de pierre. Les deux rois gardiens de la porte sont placés sous le portique, un de chaque côté. Ce sont des géants à faces rouges et grimaçantes qui roulent des yeux féroces, et inspirent l'effroi, lorsqu'on les connaît mal. On apprend bientôt qu'ils ne sont terribles qu'aux pécheurs impénitents. Ils gardent non seulement l'entrée du temple, mais encore tous les humains qui les prient avec ferveur, et qui ont soin de leur consacrer une paire de sandales de paille. Ces mortels pieux sont préservés de tous faux pas, et, par les soins des dieux, leurs blessures sont guéries. De nombreux ex-voto, sous forme de sandales, témoignent de la foi des fidèles.

# Le Japon

Lorsqu'on émerge du portique, on se trouve dans de larges avenues pavées, et bordées de cèdres majestueux. Sous ces arbres, il y a des baraques remplies de poupées de toutes sortes. On avance, et le temple apparaît, imposant, se détachant en rouge sur le ciel vers lequel s'élance sa tour à cinq étages. Cette architecture vient de la Chine, et son caractère principal est la curieuse forme de toitures d'un volume considérable, dont la hauteur embrasse les deux tiers de l'édifice, et dont les bords se relèvent, ce qui est sensible surtout aux angles. L'ensemble donne une impression mélangée de légèreté et de pesanteur à la fois. On traverse le vestibule mystérieux et sombre, où règnent les pigeons sacrés qui vous frôlent en volant et où l'on achète l'encens que l'on veut faire brûler devant les dieux, et l'on arrive dans le temple, salle unique aux larges proportions, à la voûte soutenue par de nombreux piliers rouges à chapiteaux, qu'on ne distingue pas du sol, tellement ils sont haut placés. L'autel resplendit d'or et de lumière au milieu de cette obscurité voulue. On aperçoit des Bouddhas géants, dorés, derrière la grille de fer forgé qui les voile à demi, et tout autour, pendent en hommage des bannières, des lanternes et des fleurs.

Devant l'autel, un énorme brûle-parfums d'un travail fin et achevé exhale la fumée odorante des innombrables baguettes d'aromates que les fidèles y jettent par paquets. D'heure en heure, le voile parfumé devient plus opaque et donne aux choses perçues confusément,

# Des Différents Types

la teinte de l'irréel. A peine distingue-t-on les murs sur lesquels s'étalent des peintures et des sculptures de toutes sortes qui représentent les saintes légendes. On voit circuler les bonzes, ou prêtres, en robes amples, la tête complètement rasée. Lorsqu'ils ne celèbrent pas l'office, au son d'une musique bizarre, ils déambulent sans bruit à travers le temple, répondant aux questions des pèlerins et les conduisant à leurs autels préférés.

## DES DIFFÉRENTS TYPES

Il y a au Japon deux types distincts : le premier, le plus répandu, est le type Chinois ou Coréen qui se distingue par une figure ronde, aux joues pleines, au nez épaté, à la bouche charnue, souvent bien dessinée, s'ouvrant sur des dents superbes.

Ceux qui passent pour avoir le pur type Japonais, ont le visage long et assez pâle, un nez recourbé en bec d'aigle ; la bouche est fine, les yeux allongés et bridés, les dents blanches, mais longues et irrégulières. C'est le type aristocratique dont la perfection provoque l'admiration de tous.

Le plus singulier, c'est que le caractère moral correspond en général au type physique : les gaies physionomies chinoises appartiennent à des hommes insouciants, rieurs et de bonne humeur, tandis que le masque japonais est l'apanage de gens silencieux, portés à la mélancolie, à la tristesse même.

# Le Japon



On ne peut s'en faire une idée qu'au Musée de figures de cires qui se trouve dans l'enceinte d'Asakusa. On y voit d'abord des Japonaises modernes, admirant les costumes de leurs ancêtres. Elles vont, les pieds tournés en dedans, ce qui est une marque d'élégance : cela prouve que dès leur plus tendre jeunesse, on leur a comprimé les hanches pour les garder étroites, ce qui constitue un charme de plus. Leurs chignons, très hauts, noirs et luisants semblent un parterre d'où sortent des fleurs de toutes formes et de toutes nuances, montées sur des épingles. Les robes sont simples et d'une seule couleur, mais la fantaisie paraît dans le choix de la ceinture. Rien n'est trop riche pour cet ornement symbolique. C'est toute une science que de faire le grand nœud en ailes de papillon qui complète la toilette féminine ; il y a des modes auxquelles on ne saurait se soustraire. Puis, ce qui ne semble, au premier abord, qu'un prétexte de coquetterie est en réalité une indication précieuse servant à reconnaître l'état-civil de chaque gracieuse silhouette : les jeunes filles ne mettent pas leur ceinture comme les femmes ; les riches font un nœud serré sur l'estomac, et les servantes sont obligées d'arranger les coques d'une façon toute différente.

Les fillettes sont de petites femmes en miniature, mais leurs robes sont un peu plus éclatantes que celles des grandes personnes, tandis que leurs cheveux

# Les Costumes Anciens

sont coiffés en hauts chignons comme ceux de leurs mamans.

Les visiteuses s'arrêtent surtout devant un Daïmio, ou seigneur, en costume de cour. Habillé de soies raides aux couleurs éclatantes, parsemées de roues d'or héraldiques, il a l'air d'une pyramide. Les pantalons s'allongent démesurement, bien au-delà des pieds qu'ils enferment, et forment traîne. Les manches plus longues encore, bordées par un cordon de soie qui, en se coulissant, fait ressembler la manche à un grand sac. D'autres manches sortent des premières, toutes de couleurs différentes et un même nombre de collets superposés, indiquent qu'il y a d'autres robes sous la première. Un grand sabre traverse ces étoffes, et une observation superficielle ferait croire qu'il a pour fourreau le ventre même du personnage. Une main exiguë tenant un éventail sort de la manche et nous édifie sur les véritables proportions du prince. La coiffure est curieuse : c'est une sorte de cylindre en soie noire et en drap d'or qui est fixée sous le menton par un galon d'or. Pour splendide et pittoresque que soit le costume, il paraît malaisé à porter.

Auprès de lui, une princesse en vêtements tout aussi compliqués, mais, s'il se peut, plus riches, aux couleurs plus chatoyantes encore, s'offre aux yeux. Son teint est d'une blancheur parfaite, animé seulement par une mignonne bouche purpurine ; les sourcils rasés remplacés par des sourcils peints en noir, tout au haut du front, pour allonger la figure ; les cheveux dénoués

# Le Japon

tombent jusqu'au bas des robes et se perdent parmi les plis. Près d'elle est placée la boite à fumer, en laque pointillée d'or avec une toute petite pipe et le tabac blond et fin que l'on appelle " duvet de grue."



### L'HEURE JAPONAISE

La manière de compter les heures était très compliquée, autrefois, au Japon, mais combien plus jolie et plus originale que nos horloges.

On commence au chiffre neuf, qui est le chiffre par excellence et marque à la fois le milieu du jour: l'Heure du Cheval, et le milieu de la nuit: l'Heure du Rat.

Voici comment l'on procède: Deux fois neuf font dix-huit; on supprime le premier chiffre, ce qui donne huit, l'heure de la Vache. Trois fois neuf font vingt-sept; en supprimant le premier chiffre on a sept, l'heure du Tigre. On continue à multiplier neuf par quatre, par cinq, par six, et l'on obtient ainsi les six divisions du jour et de la nuit, qui correspondent chacune à des heures selon notre division du temps.

Et toujours des noms pittoresques et évocateurs: l'Heure du Lapin, l'Heure du Dragon, l'Heure du Coq, l'Heure du Sanglier.

### DE LA FORCE PHYSIQUE

Les Japonais ont toujours eu la plus grande admiration pour la force physique. La science de la lutte

EVENTAIRE DU MARCHAND DE POUPÉES OÙ TOUS LES
COSTUMES NATIONAUX SE TROUVENT EXPOSÉS

# De La Force Physique

n'allait pas sans de grandes fatigues. Les maîtres
d'armes étaient de vieux guerriers qui ne connaissaient
point l'attendrissement, et la première leçon laissait le
pauvre novice épuisé, presque inerte. Dès le lendemain, il recommençait, et l'entraînement aidant, il
supportait bientôt sans peine ces rudes exercices qui
faisaient de lui un lutteur émérite, également insensible
à la fatigue et à la douleur. Cette éducation était
précieuse chez ce peuple belliqueux, et une armée
formée de telles unités était invincible. Les anciens
combats d'athlètes existent toujours chez ce peuple
martial qui n'a pas dégénéré, comme en témoigne la
dernière guerre. . . . L'arène où se tiennent ces jeux
se nomme E-Ko-Ine ; elle est située dans l'enceinte
du Temple de l'Heureux Retour près du pont des
Deux Contrées.

L'arène circulaire n'est séparée de la rue que par
des murs de nattes suspendues à des pieux. Il y a
deux étages de loges auxquelles on arrive par des
échelles et qui sont toujours combles. Les pauvres qui
ne peuvent aspirer à des tribunes, se tiennent appuyés
au rebord des loges, ou tout simplement prennent le
sol pour siège.

Le champ de lutte est couvert de sable fin et deux
rangées de sacs remplis de terre en marquent les
limites. Les athlètes arrivent, grands et gras, de
vrais géants, si on les compare aux autres Japonais,
et vêtus seulement d'un tablier à frange, richement
brodé.

# Le Japon

La représentation dure depuis dix heures du matin jusqu'à cinq heures du soir.

Les combattants déploient tour à tour une force, une adresse, et une endurance qui leur attirent les applaudissements enthousiastes d'une foule éperdue d'admiration.

## LA LOI

Jadis, les lois étaient, pour le moins aussi singulières que les délits. Très sévères souvent, elles avaient aussi d'étranges indulgences, surtout lorsqu'il s'agissait de vieillards, de femmes, d'infirmes, ou d'astronomes, envers qui le Code recommande la clémence.

Mais, par exemple, si ce même astronome, si paternellement protégé par la loi, s'avisait de dénaturer les décrets écrits par les astres dans le ciel et de faire de faux horoscopes, il était cruellement puni.

Les compagnies d'assurances contre l'incendie n'existent pas, là-bas, et les villes de bois brûlant comme des allumettes, on était particulièrement féroce pour les incendiaires, et même pour les incendiés : soixante coups de bâton, à l'homme qui, involontairement, mettait le feu à sa maison, et la strangulation si l'incendie se communiquait à un édifice appartenant à la famille impériale. Cela apprenait à être prudent.

Aujourd'hui, des résultats pour le moins aussi barbares proviennent de l'application de lois modernes

# La Loi

à des crimes légendaires, qui jadis, peut-être auraient mérité des éloges.

Temoin cet acte d'héroïsme dont nos journaux se sont faits l'écho et qui, pour nous autres occidentaux, n'est ni plus ni moins qu'un crime.

Est-il assez japonais, ce crime.

Un pauvre et naïf paysan, nommé Kono-Guihei, conte ses peines à des amis :

—Ma vieille mère souffre d'un mal d'yeux qui ne veut pas guérir. La voici presque aveugle. J'ai tout essayé pour la soulager, rien ne réussit. Il n'y a plus de remède, et je me dessèche de chagrin.

—Comment pouvez-vous dire cela ? s'écrie un ancêtre, un laboureur qui passe pour en savoir long ; il y a un remède infaillible. Il est assez difficile à employer c'est vrai, dangereux même, mais rien n'est impossible à la piété filiale.

—Je suis décidé à tout, répond le fils ; quel est ce remède ?

—Il faut faire manger à votre mère un foie humain.

Le doute n'effleure même pas l'esprit du jeune paysan. Pour lui, sa mère est déjà guérie. Mais où se procurer un foie humain, sans nuire à des étrangers ? Se tuer lui-même ? Il y songe ; mais il juge qu'il ne le doit pas : ce serait réduire sa famille à la misère, en la privant de son soutien. Alors que faire ? Eh bien ! il tuera sa fille, sa mignonne Matsoué, si jolie. Il essaye, le malheureux : il prend un couteau pour égorger son enfant ; mais si l'amour filial est grand

# Le Japon

en lui, l'amour paternel ne l'est pas moins, et il tremble, il hésite. Cependant, il le faut, il va frapper, quand survient sa femme, Sougni, la jeune mère, inquiète des allures étranges de son mari.

Alors il lui avoue tout, lui raconte sa peine.

— C'est moi qu'il faut tuer, s'écrie la femme. Je serai heureuse de procurer, par ma mort, un soulagement à ta mère.

Est-ce assez simplement, niaisement sublime ? . . .

Et le mari trouve cela très naturel, c'est si bien dans la tradition, dans le caractère de la race. Il ne fait pas d'objection : il étrangle sa femme, et la malheureuse, tandis qu'il tire d'un côté sur la corde, pour aider, elle tire de l'autre.

Quand elle est morte, il reprend le couteau, lui fond l'abdomen, et retire le foie ; puis il allume du feu et le fait cuire dans une casserole.

Sa vieille mère va donc être guérie, enfin ! . . . Mais non, elle ne goûtera même pas au remède ; des modernes sont allés chercher la police, on saisit le corps du délit. La pauvre Sougni s'est sacrifiée pour rien ; sa belle-mère n'aura pas le remède infaillible, ses yeux resteront malades, et son mari va être condamné à neuf ans de réclusion majeure, laissant ainsi sa fille et sa vieille mère privées du riz quotidien.

Cet arrêt, tout adouci qu'il soit par le bénéfice de circonstances atténuantes, ne semble pas être de la même époque que ce forfait d'une candeur et d'une

# La Loi

abnégation troublantes. La loi est du dix-neuvième siècle, le crime est des temps primitifs.

Et un pareil désaccord doit avoir lieu bien souvent dans un pays de civilisation si récente, où les mœurs sont bien loin de suivre le prodigieux galop du progrès.

L'absurde dévouement de la paysanne Sougni n'a rien de rare. On n'en finirait pas de citer toutes les femmes japonaises qui se sont illustrées en donnant leur vie pour les motifs les plus étranges, en vue de points d'honneur insaisissables pour nous.

Il est presque classique, par exemple, de se pendre à la porte d'un magistrat qui a rendu un jugement inique et détient en prison quelque proche, pour le forcer à reviser le procès. Le matin, en sortant de chez lui, il se heurte au cadavre encore tiède, dont la ceinture est hérissée de rouleaux de papier, de suppliques, qui parleront au juge pour la bouche à jamais muette.

Pour aider sa famille à vivre — cela se faisait couramment — on allait subir une peine à la place d'un condamné ; il y avait même une criée aux enchères décroissantes. Pour dix sous, un voleur passait à un innocent les quarante coups de bambou qu'il devait reçevoir. Et, chose plus cruelle encore, jusque sous le glaive du bourreau, était continué ce trafic : pour trois cents francs environ on pouvait racheter sa tête, en faire rouler une autre dans le sang.

Il savait cela, le pauvre Kono-Guilhei, quand il

# Le Japon

suppliait ses juges de remplacer les neuf années de prison, qui allaient priver sa mère et sa fille de son travail, par les plus horribles tortures que l'on pourrait inventer, mais qui, au moins, ne dureraient pas neuf ans. A son grand chagrin, on lui a refusé, et on n'a jamais pu lui faire comprendre que la torture est abolie au Japon.

Et l'infortunée victime, qui s'est si généreusement donnée en pâture, et n'a même pas guéri sa belle-mère ! Son ombre, plaintive et désolée, erre certainement autour de son époux captif, et elle apparaît aussi, sans doute, aux sévères magistrats qui ont si cruellement blâmé sa mort volontaire, car c'est dans la tradition que les ombres des mortes mécontentes reviennent demander justice.

## LES FÊTES

Les Japonais aiment à se réjouir, et tout prétexte leur est bon pour célébrer des fêtes. En première ligne viennent celles du nouvel an, où tout le peuple est confondu ; seigneurs et paysans, nobles dames et bourgeoises, pataugent à qui mieux mieux dans la neige fondue, en quête d'amusements. Elles se terminent, après un mois, par la Fête des Apprentis. On décorait les maisons de pins, de homards, symboles d'une longue vie, et d'oranges et l'on échangeait des présents. On faisait la veillée de la Saint Sylvestre tout comme chez nous, et le jour paru, au son des gongs et

# Les Fêtes

des cloches, on s'adressait des félicitations et des vœux de bonne année.

Il y avait encore en mars la Fête des Petites Filles, ou Fête des Poupées, et en mai la Fête des Garçons. Ce jour-là, chaque famille hissait sur le toit de sa maison, autant de poissons en papier qu'elle comptait de garçons. En juillet, on célébrait la Fête des Premières Chaleurs ; en octobre celle d'Ebisu, Dieu du Bonheur. Mais, sans contredit, les plus séduisantes sont les Fêtes de Nuit. Une des plus charmantes est la Fête des Lanternes.

De toutes parts, des lanternes multiformes et multicolores, décorent les maisons, jettent leurs lumières, et font briller les broderies, les riches étoffes des toilettes des promeneurs. Au sommet de longues tiges de bambous, alignées de chaque côté des rues, sont suspendues, tantôt de minces banderolles en soie, en papier doré, tantôt des houppes de crins, des plumets, des pompons ; ailleurs, des poissons en paille laquée, attachés par les ouïes, se balançaient au haut d'un mât. De longues bannières flottantes montrent et cachent tour à tour, selon le caprice du vent, des armoiries, des fleurs, des animaux fantastiques, brodés dans leurs plis, ou bien, immobiles, tendues sur des cadres de roseaux, laissent voir de gigantesques personnages : dieux, souverains, guerriers illustres ; ou encore, en caractères d'or, des sentences, des satires, des vers fameux. Les marchands d'objets d'art, de bronzes, d'émaux,

# Le Japon

mêlent à leur brillant étalage des armes rares, des casques, des armures toutes montées, qui prennent l'aspect étrange d'insectes géants.

A chaque moment, passent des bandes de jeunes garçons, portant sur leur épaule un grand sabre de bois laqué. De larges lames, semblables, en carton argenté, recourbées d'une façon bizarre, sont plantées de loin en loin, dans le sol, par les hampes auxquelles elles sont fixées. Ces glaives, que les enfants saluent en passant, figurent l'arme de Sioki, le héros chéri du peuple dont l'image se répète dans toutes sortes d'attitudes, sur des milliers de bannières.

Le bruit des pas nombreux, froissant le sol, forme un susurrement continu pareil à celui d'une cascade, et sur cette basse se détachent les rires, les chants, le gai tumulte de la foule.

## LES JARDINS

Ce sont des endroits féeriques, dont le dessin ne diffère pas trop de nos jardins européens, mais où la science des couleurs atteint un raffinement extrême, source de délices pour les yeux.

Nous voyons des arbres magnifiques, cèdres, palmiers et bambous. Et puis, tout d'un coup, les mêmes essences en miniatures : cèdres, pins et palmiers, mais qui tiendraient dans une potiche, a côté des arbres fruitiers qui, au printemps, se couvrent de neige blanche ou rosée : citronniers, pêchers, cerisiers. Et

LA FÊTE DES LANTERNES

# Les Jardins

le prunier qui fleurit même en hiver, et embaume
l'air de ses parfums suaves et pénétrants. Çà et là,
des frondaisons de pavots, de pivoines, de camélias,
de chrysanthèmes, larges comme des assiettes, jettent
le visiteur dans le ravissement. Ses yeux lui suffisent
à peine pour contempler cette gracieuse débauche de
nuances, et son regard erre, enivré, des riches parterres
aux frais bassins où s'épanouissent les délicats lotus
et vers lesquels les tiges graciles des iris se penchent,
mirant dans l'eau leurs larges fleurs jaunes et violettes.
Là-bas, au détour d'une allée la silhouette d'une
maisonnette s'accusent à travers les arbres. C'est un
pavillon de poésie. Par la fenêtre encadrée de glycines,
la vue s'étend au loin sur la plaine ; tout près serpente
une rivière : c'est là que le maître de maison vient,
après ses repas, se reposer, rêvasser, composer des vers
ou faire de la musique. Le pavillon est toujours
élégamment orné, avec sobriété pourtant : quelques
nattes, un arbre nain dans un beau vase, une théière,
des pipes, des pinceaux et quelques livres composant
d'ordinaire tout l'ameublement.

Les Japonais aiment à égayer leur intérieur des
fleurs de leurs jardins et leurs décorations florales sont
d'un goût parfait. Cet arrangement n'est toutefois
pas le fruit d'un caprice, loin de là. L'art de réunir
des fleurs en bouquets est une vraie science qui s'acquiert
au prix d'études minutieuses. D'abord, chaque fleur
a un sens, et le premier principe est de faire exprimer
à une composition florale un sentiment déterminé ; en

 E

# Le Japon

outre, il ne faut pas violenter la nature ; le second principe consiste donc à mettre en valeur les formes et les tendances de chaque plante ; enfin, il s'agit de ne pas empiéter sur les saisons, il faut éviter les tiges entre-croisées ou parallèles, les couleurs qui contrastent par trop, etc. . . . Ce raffinement donne des résultats délicieux aussi, que nous ne pouvons juger d'ici, même en contemplant l'œuvre des peintres sur les kakemonos délicats que nos musées ont acquis.

L'ART

BRONZES, LAQUES, IVOIRES, PORCELAINES

C'est dans un des plus importants magasins de la belle rue de Mouromati, à Tokio, qu'il faut aller flâner, pour avoir une idée de la merveilleuse habileté, du goût, de l'ingéniosité que l'artiste japonais met en œuvre dans les charmants bibelots qu'il crée avec une fantaisie inépuisable.

Dès l'entrée, on est comme ébloui, on ne sait où regarder et lequel élire de ces mille objets d'une grâce si imprévue, d'une originalité exquise et spirituelle. Est-ce ce coffret en ivoire tressé imitant la paille et coloré à l'aide d'une infusion de thé et de girofle dont le parfum se fait encore sentir ? Cette paille, une souris blanche, sans doute enfermée dans le coffret l'a rongée et va s'échapper, son corps menu se glisse par l'ouverture, mais n'est pas encore complètement dégagé ; si vous ouvrez la boîte, vous verrez ses petites pattes et sa longue queue de l'autre côté du couvercle.

Préférez-vous qu'un coin de plage apparaisse sur une planche en bois de mûrier, avec ses crabes, ses herbes, ses coquillages variés ? ou des branches d'or chargées d'oiseaux, traversant des plateaux, des grues d'ivoire volant au-dessus d'un lac de nacre bordé de roseaux d'argent sur les portes d'un buffet, ou bien ce léger croissant qui se montre derrière les sapins ébouriffés ? ou cette lune de métal qui sort d'un nuage et forme miroir sur le couvercle d'un nécessaire de toilette ?   Il est impossible de tout étudier et pourtant le moindre objet mérite l'attention, et l'on s'efforce de tout voir.

Voici un ouvrage qui, pour les connaisseurs, est un véritable chef-d'œuvre, c'est cet écran où dans deux gerbes de paille de riz suspendues à une perche, toute une volée de moineaux cherche un gîte.  Les oiseaux sont du même ton que les épis entre lesquels ils se cachent, si bien qu'il faut les regarder de très près et les chercher beaucoup pour les découvrir, et c'est justement là le charme de cette sorte de laque, où des objets s'enlacent ton sur ton, ce qui est, paraît-il, d'une exécution des plus difficiles à réussir.

Un magnifique paravent déploie ses feuilles non loin de là.  Le motif ornemental choisi par l'artiste est merveilleusement décoratif, c'est le sol touffu et fleuri d'une forêt.  Sur le fond noir de la laque, toutes les herbes folles qui naissent du hasard dans un terrain livré à lui-même, s'élancent et s'enchevêtrent avec

# Le Japon

la plus charmante confusion, et parmi les feuillages couleur d'émeraude, d'absinthe, d'or brûlé, éclatent les tons clairs des fleurs en porcelaine, les ailes brillantes des insectes, des papillons qui peuplent cette petite forêt poussée au pied de la grande. Sur un plateau, sont figures en relief de jolis fruits inconnus en Europe et que l'on nomme, en Japonais, *Bua*.

Un vase laqué imite le bronze ancien avec une telle perfection qu'il faut le toucher pour croire à la supercherie ; puis des écrans, des plateaux, des coffrets retiennent encore l'attention ; mais nous trouverons surtout la laque employée avec toutes sortes d'autres matières, telles que la nacre, l'ivoire, le bois, la porcelaine. Voici par exemple un écran en sapin du Japon sur lequel se détache un vase de laque qui contient des fleurs de nacre et d'ivoire : la bordure de cet écran semble être faite en paille de riz, mais ce sont, en effet, des lamelles d'ivoire extrêmement minces, tressées de façon à ressembler parfaitement à la paille. Sur un paravent, en bois précieux, encadré de laque sont appliqués des personnages en porcelaine ; le pantalon rayé bleu et blanc de l'un d'eux joue admirablement la soie. Les Japonais semblent d'ailleurs se plaire infiniment à ces transpositions, à ces trompe-l'œil ; on ne peut jamais bien reconnaître du premier coup la matière dont sont formés leurs délicieux bibelots.

Nous avons vu la laque imitant le bronze, l'ivoire ou la paille. Nous verrons plus loin la porcelaine imitant le fer rouillé, et voici un écran où la soie simule la

# L'Art

plume avec un rare bonheur. On ne fait pas tout
d'abord grande attention à ces deux paons perchés
sur une branche de pêcher en fleurs, et que l'on croit
formés de la dépouille des beaux oiseaux qu'ils repro-
duisent. Mais lorsque l'on s'aperçoit que le somptueux
plumage est artificiel et que la soie diversement teintée
est parvenue sous la main de l'homme à imiter si
parfaitement la nature inimitable, on ne peut retenir
une exclamation d'admiration et de surprise.

La salle qui contient des meubles est riche en mer-
veilles. Ils sont d'une recherche bizarre, toujours
élégants et intéressants comme des objets d'art. Voici
sur les battants d'un buffet toute une famille de
fauvettes qui vient nicher dans un creux d'arbre ;
les doux oisillons battent des ailes, gonflent leurs
plumes, se chamaillent avec ces délicieux mouvements
que les peintres japonais savent si bien saisir. Tout
autour d'eux foisonnent des fleurs de nacre peintes
et des feuillages d'ivoire.

Un vieil homme à l'aspect chinois est sculpté, avec
beaucoup de finesse, sur un des panneaux d'une
armoire de chêne ; il est assis, les jambes croisées et
semble écouter avec gravité les prières qui montent
ou descendent vers lui. Ce majestueux personnage
n'est autre que le dieu des enfers. Sur l'autre panneau,
une jeune femme agenouillée, paraît en effet invoquer
la sombre divinité. Cette belle personne, au visage
d'ivoire, aux robes de laque et de métal, fut une
mondaine célèbre qui portait le nom harmonieux de

# Le Japon

Itgocondeion ; lasse de sa vie méprisable, et saisie par
le repentir, elle rejeta loin d'elle les pompes de Satan,
et devint prêtresse. Elle est fort gracieuse, dans sa
douleur, avec ses longs cheveux épars et son attitude
affaissée au milieu de ses beaux vêtements peut-être
un peu mondains encore. Près d'elle, hors d'un joli
vase en émaux cloisonnés s'épanouissent des pivoines
de porcelaine. Voici une armoire des plus originales,
avec ses deux panneaux si divers d'ornementation, l'un
montrant simplement le bois sculpté en bas-reliefs,
l'autre tout égayé de matières diverses brillamment
colorées. Une seconde armoire taillée dans une sorte
de chêne parfumé, est décorée d'un buffle de laque
qui se montre à mi-corps, d'une roue brisée et d'un
personnage vêtu de nacre et courant à toutes jambes.
Ces éléments, d'un sens parfaitement obscur aux
Européens, suffisent pour remémorer aux Japonais
l'aventure d'un ancien souverain dont le char s'em-
bourba dans une rivière et qu'un buffle dételé en
toute hâte d'une charrue, tira du mauvais pas.

Au fond d'un grand plat en bois de ké-a-ki, on a
sculpté un beau paysage dans lequel errent quelques
figures. Plus loin on voit sur un écran en sapin ancien
une scène de la vie intime d'un personnage célèbre sous
d'autres cieux, c'est un écrivain chinois nommé dans
sa patrie Ouan-I-Tchi et au Japon O-Gui-Si ; il est
assis derrière une table et trace du bout de son pinceau
un passage fameux de ses œuvres. A quelques pas de
lui, ses enfants broient l'encre sur l'écritoire, tandis

que dans un coin, d'autres bambins tendent une écuelle pleine de pitance à deux jeunes oies. Tous les personnages sont en porcelaine, peinte avec une extrême délicatesse, les deux volatiles, surtout, sont étonnants de vie et de vérité.

Voici, enfin, un magnifique paravent qui vaut, paraît-il, cinquante mille francs. C'est une œuvre d'art d'un luxe fou. La description n'en peut donner l'idée : des fleurs de nacre et de cuivre dont chaque feuille se détache et semble frissonner au vent, des roseaux légers qui s'élancent en gerbes, des grappes de glycines, des pivoines éclatantes s'enlèvent sur le fond sombre de la laque. C'est tout ; mais il faut voir l'ampleur superbe du dessin, la délicatesse des ciselures, l'harmonie douce des couleurs, pour comprendre toute la beauté de cette œuvre incomparable.

Les plus belles porcelaines viennent de la Manufacture d'Arita. Il est difficile de voir une œuvre plus absolument réussie, mieux finie, plus élégante, que cette pièce exécutée avec un soin jaloux. C'est un brûle-parfums d'assez petite dimension composé d'un vase de forme cylindrique, placé dans un second vase à jour, sur lequel repose le couvercle. Le vase intérieur est simplement en terre brute, d'un blanc doux et mat comme la moelle de roseau ; la couleur eût empâté les contours et fait perdre quelque chose à l'excessive délicatesse des figures de l'ornementation : un léger bas-relief sculpté avec une finesse exquise. Ce sont des musiciens célestes, des femmes

# Le Japon

*Kamis* jouant de la flûte, faisant courir leurs doigts sur le *semsin* ou frappant le tambour sacré, tandis que leurs sœurs, avec une grâce adorable, ébauchant on ne sait quelle danse mystique, font ondoyer leurs corps sveltes, étendent les bras, renversent la tête, au milieu des plis fins de leurs écharpes envolées dans la brise. Le second vase, dans lequel le premier disparaît, est formé d'un réseau de nuées bleuâtres qui cachent sous le voile qui leur convient les harmonieuses déesses. Le bouton du couvercle est un petit éléphant, aussi en porcelaine brute, tout caparaçonné, harnaché, ornementé avec une minutie extraordinaire.

La cuisson de ces sortes de porcelaines, dont certaines parties sont à jour, est extrêmement délicate et difficile à réussir ; aussi le brûle-parfums dont il s'agit est-il, à tous les points de vue, un objet des plus rares.

Parmi les œuvres du même genre, nous avons remarqué une grande jardinière aux flancs découpés en forme de vagues, entre lesquelles se joue le Ki-Lin, cet animal fabuleux, sorte de licorne marine, qui se montre, paraît-il, lorsque l'empereur gouverne avec sagesse.

Le choix est bien difficile parmi des objets d'un mérite à peu près égal, on ne sait s'il faut préférer ce petit vase, en forme de cornet, léger, transparent, sonore comme une clochette, que décorent des fleurs de cerisier courtisées par quelques papillons, ou ce grand plat au fond duquel des dragons en relief se

JARDIN JAPONAIS

# Fabrication de la Laque

poursuivent parmi des flots dorés, ou bien encore ces beaux vases piriformes d'une pâte si fine, décorés de lions qui combattent et d'une chaîne de porcelaine attachée aux anses et retombant en guirlande sur les flancs. Ce sont là les pièces les plus importantes, mais mille choses encore mériteraient l'attention, entre autres cette paire de vases, hauts de près de deux mètres, de l'espèce de porcelaine appelée au Japon *Someniski*, dont la décoration est bleue sur fond blanc (les autres sortes de porcelaines sont désignées, en général, sous le nom de *Nisikidi*) ; ces grandes potiches, à la forme élancée et gracieuse, sont d'une belle venue, sans défauts et d'une cuisson parfaite. Ce large plat, aussi en porcelaine *Someniski*, est plus curieux encore ; on y voit réunis tous les poissons que l'on sert sur les tables japonaises, et parmi eux, le faï, dont la chair est spécialement estimée, que l'on paye souvent des prix exorbitants et qui fait partie des cadeaux de fiançailles. Quelques-uns des poissons amassés au fond du plat sont colorés en rouge, et c'est, paraît-il, la première fois que l'on réussit une décoration d'un autre ton sur l'ensemble monochrome de la porcelaine dite *Someniski*.

### FABRICATION DE LA LAQUE

C'est en Chine et au Japon que la fabrication de la laque atteint un degré de perfection incomparable. On peut difficilement se faire une idée du travail, de l'adresse, de la patience déployés par l'artisan japonais



F

# Le Japon

pour arriver à fabriquer une laque parfaite.   Le vernis
dont on se sert est d'abord extrêmement corrosif et
demande à être employé avec les plus grandes précau-
tions.   C'est le produit résineux d'un arbrisseau
appelé au Japon Ourousi no ki, en Chine l'arbre Tsi.
On recueille cette résine liquide dans des gourdes
disposées au-dessous d'entailles que l'on fait aux
arbres à diverses hauteurs ;  la précieuse liqueur
découle pendant la nuit, mais en si faible quantité
qu'un millier d'arbres en fournit à peine dix-huit à
vingt livres.

Il n'existe pas moins de cent espèces de laque en
dehors des espèces communes.   On laque sur différentes étoffes dont les dessins se laissent voir à travers
le vernis transparent, sur du tulle venu d'Europe, ce
qui produit un aspect de peau de serpent ;  on imite
l'écorce du sapin, le bambou, la paille naturelle
argentée ou dorée ;  on teinte la nacre de reflets
glauques ou pourpres ;  on jette un semis de poussière
d'or ou d'argent qui étincelle dans des fonds de toutes
nuances :  puis viennent les laques unies noires, vertes,
brunes,  écarlates,  mordorées,  toutes  admirables  de
pureté et de finesse.

Lorsque l'objet qu'il faut laquer a reçu trois couches
d'un enduit composé de chaux, de papier bouilli et de
gomme, que l'on râcle, quand elles sont sèches, au
moyen d'une pierre plate et dure ou d'un polissoir de
bambou, on mélange le vernis sur une palette de cuivre,
par un frottement très lent et très égal, avec la matière

# Fabrication de la Laque

colorante ; puis on en applique au moins cinq couches
différentes que l'on laisse sécher et que l'on polît
successivement avec la pierre ou le bambou. C'est
seulement par ce long travail que la laque acquiert
son excellence ; la décoration vient ensuite, et lorsqu'elle est bien sèche, par-dessus l'or, l'argent, la
couleur des peintures, on pose encore plusieurs fois
du vernis qui subit à son tour l'opération du polissage.
Les figures en nacre de perles sont faites de lamelles
de nacre très minces, taillées et façonnées selon la
forme voulue et coloriées en-dessous. Elles sont,
comme le reste, recouvertes du triple vernis transparent qui leur donne un brillant si magnifique. Pour
les laques communes, on substitue le plus souvent à
l'essence rare et coûteuse de l'Ourousi no ki, différentes
huiles fabriquées avec les graines de plusieurs espèces
d'euphorbiacées auxquelles on mêle de la craie, un peu
d'essence de térébenthine et des matières colorantes.

CONTES ET LEGENDES

# LA CÉRÉMONIE DU THÉ



Un jour, mon très regretté ami, Mitsouda Komiozi, alors attaché à la légation japonaise de Paris, vint me voir.

" Il faut absolument que vous connaissiez la cérémonie du thé, me dit-il.

— La cérémonie du thé ? . . .

— Oui ; c'est très important. Votre éducation japonaise ne peut être complète si vous ne la connaissez pas.

— Je m'avoue très humiliée de l'ignorer et impatiente de l'apprendre.

— Ah ! reprit-il en se promenant nerveusement de long en large, c'est extrêmement compliqué ; il faut toutes sortes de préparatifs, toutes sortes d'objets quelquefois d'un grand prix. On a vu certaines collections de ces bibelots coûter des centaines de mille francs.

— Diable ! . . .

— Nous simplifierons, dit-il en riant. Mais il faut tout de même des préparatifs.

— Enfin, en deux mots, qu'est-ce que c'est ? . . . Une procession ?

# Le Japon

—Non, pas du tout.  Il n'est pas nécessaire d'être nombreux pour accomplir la cérémonie ; trois, c'est le meilleur nombre ; la tranquillité et le recueillement conviennent surtout.

—C'est donc un rite religieux ?

—On le croit quelquefois, mais c'est une erreur ; il n'y a rien de religieux dans cette pratique ; cependant, c'est un bonze bouddhiste nommé Shuko qui, d'accord avec le shogoun Yoshi-Massa, en a fixé les règles vers le quinzième siècle.

—Alors ce n'est pas très ancien ?

—Au commencement du neuvième siècle déjà il est question de la cérémonie du thé. Mais la précieuse boisson n'était servie qu'à la Cour. Le thé ne s'est décidément acclimaté et vulgarisé au Japon que plus tard. Il nous avait été apporté de Chine, où il est l'objet d'une sorte de vénération ; quelque chose d'analogue peut-être à ce que vous éprouviez autrefois pour le " jus de la treille."

Il existe en Chine une Bible du thé qui date du huitième siècle. Les poètes chantent la boisson bienfaisante dans tous les mètres et sur tous les tons. Il faut, disent-ils, en boire sept tasses : " La première ne fait que parfumer la bouche et arroser le gosier ; la seconde console de la solitude et de la mélancolie ; à la troisième, l'esprit s'éveille, le cœur s'anime, on se sent capable d'innombrables travaux ; la quatrième fait monter à la peau une vapeur qui s'évapore en emportant toutes les tristesses ; la cinquième purifie les

LA RUE DE MOUROMATI

# La Cérémonie du Thé

os et la chair ; la sixième rend le buveur pareil aux
génies immortels ; à la septième, une brise caresse vos
bras, vous soulève, on va s'envoler. . . ." A mesure
que l'arbrisseau précieux a prospéré chez nous, le
même enthousiasme s'est développé et on a toujours
attaché une grande importance à la culture, à la con-
servation et à la préparation du thé.

Pendant les violentes et longues guerres civiles qui
troublèrent le Japon vers le quinzième siècle, les
mœurs s'étaient singulièrement modifiées : l'esprit
soldatesque, la rudesse, la brutalité régnaient en
maîtres. On eut l'idée d'introduire dans les camps
l'usage de la *Tcha-no-you*, cérémonie du thé (littérale-
ment : " l'eau du thé "), afin de ramener dans les
relations entre les hommes la douceur, l'urbanité,
la délicatesse d'autrefois. La tentative eut le meilleur
résultat.

—Comment cela se peut-il ? Par quel pouvoir
singulier l'eau du thé a-t-elle suffi pour réformer
l'éducation de grossiers soldats ?

—Quand vous aurez vu, vous comprendrez, dit
Komiozi. Je vais m'occuper des préparatifs, et nous
prendrons jour."


Hélas ! des circonstances imprévues rappelèrent
brusquement mon ami Mitsouda Komiozi à Tokio d'où
il ne revint pas. La *Tcha-no-you* garda pour moi son
mystère.

Aussi, quelle double joie quand je vis, au bas de

                    G

# Le Japon

l'aimable carte m'invitant à la soirée donnée par M. et Mme Motono aux japonisants de Paris, cette promesse : " Cérémonie du thé."

Dès l'entrée dans les salons, une surprise charmante : le ministre a revêtu son costume national ; le comte Hisamatsu, attaché militaire, le porte aussi, et toutes les dames japonaises ont d'exquises toilettes de leur pays. Mme Motono est coiffée comme les grandes dames d'autrefois : sa magnifique chevelure, partagée en deux, glisse le long des joues, dans le style d'un précurseur de Botticelli, puis, réunie en une seule torsade, roule le long du dos.

En attendant que la réunion soit au complet, on nous montre, par projections, de grandioses paysages de là-bas, des temples, des forteresses antiques ; puis M. Tatsuké, deuxième secrétaire, le plus parisien des Japonais de Paris, nous fait, dans un français élégant, avec un accent parfait, un cours historique du thé et de la *Tcha-no-you*, qui est très applaudi.

Il nous apprend que cette cérémonie du thé, encore très à la mode de nos jours, a eu des fanatiques ; ce shogoun Yoshi-Massa, dont nous parlions tout à l'heure, l'aima à tel point qu'il abdiqua le pouvoir en faveur de son fils pour pouvoir se consacrer entièrement à son jeu favori. . . .

On vient de disposer une table, couverte d'un tapis de soie, sur laquelle on pose un lourd réchaud en bronze ciselé, d'où s'échappe un peu de vapeur ;

# La Cérémonie du Thé

derrière la table, une chaise ; puis, près de la table, faisant face à l'assistance, quatre sièges en ligne. Les préparatifs ne sont pas si compliqués.

Dans des attitudes pleines de réserve et de modestie, mais sans aucune timidité gauche, quatre mignonnes dames parmi lesquelles la comtesse Hisamatsu et Mme Tatsuké, s'asseyent sur ces chaises. Ce sont les quatre invitées à la *Tcha-no-you.* Elles forment un tableau charmant.

Enfin une porte s'entr'ouvre et Mme Motono, très lentement, s'avance à travers le salon. Elle porte différents objets sur lesquels elle abaisse ses regards attentifs. Sous le ruissellement de ses beaux cheveux, son charmant et pâle visage a une expression saisissante. C'est une vision exquise, pleine d'évocations lointaines, de mystère, de rêve.

Arrivée à la table, elle y dispose méthodiquement les objets qu'elle porte, puis s'éloigne de nouveau, en rapporte d'autres. Un profond silence règne.

La voici assise derrière la table. Elle s'incline vers elle en un lent salut. Puis d'un geste tranquille elle prend un bol, détache de sa ceinture un carré de soie rouge, et très posément en essuie le bol ; elle le reploie ensuite soigneusement et s'en sert pour soulever le couvercle brûlant du réchaud. A l'aide d'une puisette de bambou à long manche fragile, elle prend un peu d'eau qu'elle verse dans le bol: c'est pour y tremper un objet léger, qui ressemble à la batteuse des œufs en neige et qui a un usage analogue ; elle le secoue pour

# Le Japon

vider l'eau dans une petite vasque de porcelaine et essuie le bol avec un linge blanc qu'ensuite elle tord et reploie.   Maintenant elle ouvre une petite boîte de laque noire qui contient du thé vert réduit en poudre fine ;  du bout d'une très mignonne spatule elle en prend trois fois et le jette dans le bol — et trois fois la puisette de bambou verse l'eau bouillante sur la poudre ; alors, avec la batteuse, sans bruit, elle fait mousser le mélange.   La plus jeune des invitées se lève, vient lentement prendre le bol et va l'offrir à une de ses compagnes, avec un salut.

Avec la même lenteur paisible, la même opération recommence pour un autre bol.

C'est tout ! . . .   Est-ce tout ? . . .

Mais à voir seulement ce travail délicat exécuté par ces petites mains pâles et suaves, avec des gestes lents et précis, rythmés comme par une musique muette, on comprend : ce n'est rien, et c'est merveilleux.   Il faut à un peuple une âme très particulière pour avoir eu une telle idée.   Des mœurs farouches désolent l'empire. Des poings formidables, rouges de sang, ne savent plus que manier la lance et que frapper.   Comment faire pour les ramener à la douceur, à la paix amicale ? . . . Leur confier peut-être un objet très fragile, qu'ils ne doivent pas briser, les inviter à un travail d'une délicatesse extrême, les convaincre de l'accomplir dans le silence et le recueillement.   Et cela réussit : les guerriers se plient au rite, accomplissent la *Tcha-no-you*, se passionnent pour elle. . . .   Ce n'est plus

# La Cérémonie du Thé

Orphée dominant les lions par son chant, mais apprenant à chanter aux lions.

De tels contrastes dans des âmes de héros ne se rencontrent sans doute qu'au Japon, mais là, ils ne sont pas rares. On sait que pendant la dernière guerre, on trouva, sur les plus humbles victimes tombées sous la mitraille, de gracieux poèmes écrits à leur famille ou inspirés par une fleur, par un coin de paysage entrevus dans l'écartement des affreuses nuées de la poudre, poèmes assez nombreux pour qu'on ait pu en former un bien précieux volume, avec ce joli titre : " Fleurs de cerisiers."

# UNE FÊTE CHEZ LE MIKADO



C'EST dans les premiers jours de janvier — le 10 exactement — que l'on célèbre, à Tokio, une des trois grandes fêtes du Japon : " La Fête de la Poésie." Celle-ci est peut-être la plus spéciale, la plus pareille aux antiques coutumes, aux délassements traditionnels de la Cour du Mikado.

A cette époque, de tous les points de l'Empire, on envoie au palais, des poèmes composés sur un sujet donné. Le Grand Maître de la Poésie — ô pays fortuné, où une telle fonction existe officiellement — fait un choix parmi ces poèmes et, le jour de la fête, présente à l'Empereur ceux qu'il a réservés.

Le 10 janvier, réunion extraordinaire au Gocho : Palais Impérial. Vers le milieu de la ville turbulente et tumultueuse, par-delà une interminable muraille grise et trapue, s'étend une autre ville, silencieuse, grave, recueillie ; une campagne plutôt qu'une ville, un site ravissant où sont disséminés les larges pavillons qui forment la résidence de l'Empereur et de sa Cour. Du dehors, on ne voit que les murs sombres, quelques tours d'angle, quelques portes jalouses gardées par des soldats modernes, la baïonnette au

# Le Japon

fusil, et la cime des vieux arbres qui dépassent la crête du rempart.

Ce palais fut édifié par la famille des Tokougavas, les Shogouns, qui fondèrent Yeddo, nommée aujourd'hui : Tokio, la capitale de l'Est. Les appellations anciennes sont encore employées pour désigner la résidence impériale : Tchiyoda ou Fouki-Hagué : Jardin de l'Eau Jaillissante.

Rares sont les privilégiés à qui il est donné de contempler le tableau merveilleux qu'enferment ces grises murailles et qui apparaît quand on a pu franchir les premières cours, qui sont comme d'autres remparts. Alors, c'est une perspective de rêve, un paysage délicieux, où les draperies sombres des cèdres chenus traînent sur le velours clair des pelouses fuyantes, où éclate l'invraisemblable cramoisi des érables, où des camélias géants escaladent les arbres, auprès des hauts bambous, des buissons mauves, des bruyères délicates, floconneuses comme des plumes. Entre les arbres, le regard embrasse de grands espaces vallonnés, des cours d'eau, des ponts légers en laque pourpre, franchissant de limpides étangs qui creusent le sol et déroutent la vision ; puis s'étendent des champs, des rizières — que l'Empereur doit ensemencer et moissonner lui-même, selon le rite séculaire — et, plus loin encore, à l'horizon, tout un moutonnement de collines.

Quelquefois tout cela s'enveloppe d'une neige légère et c'est une autre beauté.

# Une Fête chez le Mikado

Plus rares encore ceux qui sont admis à pénétrer dans la salle du grand pavillon où, sous les tentures en crêpe violet, blasonnées du gigantesque chrysanthème symbolique, foulant l'épais tapis rouge aux larges fleurs, s'assemblent les nobles invités. Il reste encore là des magnificences de ce Japon féodal, qui tant nous fait rêver, que l'on n'a jamais vu et que l'on ne verra pas. Les splendides costumes n'ont guère changé et si l'on a apporté dans l'ameublement quelques " améliorations " modernes, rien n'est tout à fait gâté.

L'Empereur préside la réunion ; à sa gauche est assise l'Impératrice Harou-Ko — ce qui veut dire : Printemps — entourée de ses filles d'honneur. A sa droite le prince héritier Yoshi-Hito se tient debout ; il a près de lui sa femme, la princesse Sado-Ko, qui est la fille du prince Koudjo, le chef d'une des plus anciennes maisons nobles du Japon et apparenté à la famille impériale.

Aux pieds de l'Impératrice se groupent les six princesses du sang, dont l'aînée, Tsouné-No-Mya, n'a que seize ans.

Le marquis Ito, président du conseil privé, les ministres, les chefs militaires, les hauts fonctionnaires du palais sont présents avec leur famille.

Aux sons d'une musique discrète, sur une estrade assez lointaine, d'extraordinaires danseuses voltent et oscillent, tandis que chaque concurrent recopie sur un éventail blanc le poème qu'il a composé.

Le sujet proposé au dernier concours était : " La



H

# Le Japon

fleur de prunier au nouvel an," et la joute fut très
brillante.

Mais, comment rendre, en français, ces insaisissables
poèmes au charme plus fragile que l'aile de la libellule ?
La muse japonaise chausse un cothurne plus étroit
encore que le trop petit soulier des chinoises. Le
moule, presque unique, où il faut enfermer la pensée,
oblige à une concision terrible : l'outa n'a que cinq
vers, qui forment, en tout, trente-et-un pieds. Traduit
en prose, tout de lui s'évapore, et dans ce rythme, quelle
contrainte !

Je veux essayer tout de même — en demandant
grâce — de donner une idée des deux plus illustres
poèmes.

Voici la traduction des vers de l'Empereur :

> *L'An se lève, obscur ;*
> *La neige voile l'aurore.*
> *Ciel rend nous l'azur,*
> *Car le prunier vient d'éclore,*
> *Et son doux parfum t'implore !*

L'Impératrice Harou-Ko, qui a la réputation d'être
un poète hors ligne, traita, comme il suit, le sujet
imposé :

> *Dans le parc, tout blanc,*
> *De Tchiyoda, quelle chose,*
> *Le premier de l'An,*
> *Sourit dès l'aube morose ? . . .*
> *C'est la fleur du prunier rose.*

# Une Fête chez le Mikado

D'ici un mois environ, on connaîtra le thème du nouveau concours et les poèmes les mieux réussis.

Mais, en ces jours de fièvre et d'inquiétude que traversait le Japon, l'Empereur n'était guère disposé à prendre part aux réjouissances et aux fêtes. C'est d'ailleurs l'esprit le plus éclairé, le plus sérieux qui soit, appliqué par-dessus tout à justifier le titre du règne Meidgi : " Gouvernement Lumineux." Il a même aboli les innombrables fêtes qui arrêtaient le travail, et entravaient la marche en avant de la nation japonaise ; il n'en a conservé que trois : celle du 10 janvier, la Fête de la Poésie ; puis la commémoration de l'avènement du premier empereur du Japon, et aussi de la proclamation de la nouvelle Constitution, que l'on a fait coïncider avec cette date illustre, du 11 février, célébrée sans interruption depuis 2500 ans ; la troisième, c'est l'anniversaire de la naissance de l'Empereur actuel, le 3 novembre, et c'est la fête nationale.

Aujourd'hui, les souverains se laissent voir en public. Ils sortent en landau, escortés d'une garde à cheval. L'Empereur est toujours en costume à l'européenne, uniforme de général ou d'amiral. C'est un homme de taille moyenne, au beau front pensif, au visage sympathique, dont l'expression révèle de l'énergie et de la bonté. L'Empereur est, en effet, juste, clément et bienfaisant ; il aime son peuple par-dessus tout, et son bonheur le préoccupe uniquement. Avec audace

# Le Japon

et prudence il guide et retient dans la voie nouvelle cette nation ardente si passionnément éprise de progrès et qui, avec un si sincère enthousiasme, a tendu des mains cordiales aux peuples de races blanches dont un est aujourd'hui son allié.

Le Japon a raison d'être reconnaissant à notre civilisation ; il lui doit, en effet, beaucoup, mais il ne lui doit pas tout. Le secret de sa force, de la puissance militaire qu'il a pu si rapidement acquérir, est ailleurs : Bushido. C'est là un mot, qui, de tous temps, a eu pour les Japonais un sens sacré. Il signifie : " Esprit chevaleresque." Seuls dans tout l'Extrême-Orient, plutôt dédaigneux des combats, les fils du Soleil-Levant ont été toujours enflammés d'ardeur guerrière. Que ce soit sous la cuirasse de corne, avec la lance et les flèches, ou dans l'uniforme du fantassin, avec le fusil Remington, ils se battent surtout avec un indomptable courage, un irrésistible élan. Devant la longue suite de héros qui les contemplent, la même flamme belliqueuse brûle leur âme et le même fanatisme patriotique les emporte.

Un autre sentiment encore réunit en un seul faisceau, impossible à rompre, la nation tout entière ; c'est la vénération profonde, l'absolu dévouement qui l'attache à la famille impériale. Du personnage le plus haut placé jusqu'au plus humble des paysans, c'est le même respect, la même soumission : pas une seule voix discordante, tout ce peuple a, pour son souverain, un seul cœur, un seul amour.

# Une Fête chez le Mikado

N'est-ce pas là une situation unique, une force sans pareille ? . . . Elle rend presque invincible l'Empereur Moutsou-Hito, le descendant de Zinmou, fondateur, l'an 660 avant notre ère, de la dynastie qui, selon la formule officielle, règne sur le Japon, " depuis le commencement des temps et à jamais."

## LA COLLINE DU PRINTEMPS

Une des promenades favorites des habitants de
Tokio est celle qui mène sur la Colline du Printemps
à la sépulture glorieuse des Quarante-sept Rônin.

En 1701, alors que régnait le shogoun Ietsuna, des
fêtes se préparaient en l'honneur d'un envoyé de
Kioto. Le vice-gouverneur du Kozuke, Kira Yoshi-
hide, reçoit le titre de Maître des Cérémonies, avec
charge d'organiser les réceptions. Pour l'aider, on
lui adjoint Asano, seigneur d'Ako. Mais hélas, l'accord
ne règne pas entre ces nobles dignitaires. Asano,
provoqué par son chef qui l'injurie sans raison, tire son
sabre et blesse l'insulteur et, ce faisant, encourt une
sanction grave, car il est interdit sous peine de mort de
tirer le sabre dans le palais. Le Daïmio est condamné
à faire " hara-kiri " : c'est-à-dire à se suicider en
s'ouvrant le ventre de ses deux sabres. De plus, ses
biens sont confisqués et tous les samouraï de son
clan sont déchus et deviennent des Rônin, des
hors-la-loi.

Dorénavant, l'unique souci de ces braves qui ne
savent ce que c'est que la crainte, est de venger leur
supérieur. Au nombre de quarante-six, ils se réunis-
sent sous la conduite du Karo-Kuranosake, le vice-

# Le Japon

ministre des finances du clan. En gens habiles, ils font mine de se disperser pour dérouter toute surveillance.

Le chambellan s'attend bien à des représailles ; aussi, pendant longtemps il se méfie. Puis, comme le temps s'écoule sans que ses ennemis fassent un mouvement offensif, ses craintes s'évanouissent, et il s'endort dans une trompeuse sécurité. C'est le moment qu'attendaient les conjurés. Un soir d'hiver, Kuranosake rassemble les siens. La neige épaisse étouffe le bruit de leurs pas ; ils vont en silence enveloppés dans leurs manteaux sombres, les traits dissimulés sous des masques. Ils arrivent au palais de Kozuke dont ils escaladent les murs. Une fois dans l'enceinte ils se démasquent, allument leurs torches et avec des cris affreux se précipitent à l'assaut. Ils ont vite triomphé de la résistance de leurs adversaires, mais le chambellan s'est caché dans le magasin de charbon. On l'y découvre après de longues recherches, et on veut le contraindre à faire "hara-kiri." Il refuse. Alors, les Rônin, écœurés de sa lâcheté, le transpercent de leurs lances et lui coupent la tête qu'ils vont porter comme trophée sur le tombeau d'Ako. Puis, ils vont se constituer prisonniers. En somme, leur acte est légitime d'après les coutumes du pays et il excite l'admiration du peuple, qui demande la grâce des quarante-sept samouraïs. Mais ils se sont attaqués à un trop haut personnage et ils sont condamnés au suicide. Le jour venu, on les mène, tout habillés de

AU PALAIS DE L'EAU JAILLISSANTE

# La Colline du Printemps

blanc, dans le temple de Sengakugi et là, selon les rites, ils se donnent la mort.

On leur fit de magnifiques funérailles et le peuple conserve pieusement le souvenir de leur exploit. Aux yeux des Japonais, les quarante-sept Rônin sont la plus parfaite expression du samouraï, dont les vertus doivent être la fidélité au chef, la prudence au conseil, la hardiesse dans l'attaque, avec le plus profond mépris de la mort.

Le Mikado actuel s'est fait l'écho du sentiment de tout un peuple le jour où, pour leur faire réparation au nom même de l'autorité, il a décerné à ces braves l'honneur posthume de la décoration du Rameau d'Or qu'il suspendit aux tombeaux de la Colline du Printemps.

# LE MARIAGE DE YAMATA

## I

Un matin de la cinquième lune de ces derniers étés,
une élégante barque remontait lentement l'O-gava et
sortait de Tokio, la capitale du Japon, que l'on appelait
Yeddo sous la vice-royauté des Taïcouns.

Deux bateliers debout, l'un à l'avant, l'autre à
l'arrière, dirigeaient l'embarcation, se jetant de temps
à autre quelques mots utiles à la manœuvre par-dessus
la tête de deux jeunes seigneurs assis au fond de la
barque.

L'un de ces jeunes hommes se penchait distraitement
vers l'eau et y trempait l'extrémité d'un de ses doigts,
comme s'il eût voulu tracer une ligne à la surface du
fleuve ; l'autre, étendu les deux mains sur sa tête,
regardait le ciel.

L'air était délicieusement frais, le soleil, encore
trouble, se montrait ainsi qu'un rubis perdu dans des
mousselines, et des nuées roses roulaient de l'horizon,
comme des coussins de soie repoussés par le bras d'un
dormeur qui s'éveille.

Sur les bords du fleuve, la ville semblait une ville
de vapeurs, et la rumeur confuse qui s'en échappait se
perdait dans le tapage matinal des oiseaux aquatiques,

# Le Japon

rassemblés par milliers dans les grands joncs et les roseaux.

Brusquement, celui qui était étendu au fond de la barque se redressa et regarda son compagnon en riant. Ce dernier tourna la tête et se prit à rire aussi.

" Eh bien, Boïtoro ? dit-il.

— Eh bien, Miodjin ? dit l'autre.

— Pourquoi ris-tu ?

— Pourquoi mon rire, comme un saule qui se penche vers l'eau, a-t-il trouvé un reflet sur tes lèvres ? "

Miodjin baissa la tête en rougissant un peu et mordilla le bout de son éventail.

" C'est donc moi qui dois commencer les confidences, reprit Boïtoro, que le trouble de son ami ne surprit pas.

— Quelles confidences ? murmura Miodjin.

— A quoi bon nous taire plus longtemps ? dit Boïtoro. Depuis un an notre secret n'est pas sorti de nos deux cœurs, mais malgré nous nos cœurs s'entendaient : nos actes parlaient à défaut de nos lèvres et nous suivions d'un commun accord le même chemin, sans nous être dit vers quel but nous marchions, et, voyons, en ce moment même, pourquoi cette barque nous conduit-elle hors de la ville ?

— Parce que c'est aujourd'hui le sixième jour du mois, le jour de la fête des bannières, et que nous fuyons la ville pour éviter la foule tumultueuse qui l'encombre, dit Miodjin en souriant.

# Le Mariage de Yamata

— Où allons-nous ?

— A l'auberge des Roseaux en Fleurs, là où l'on trouve des retraites paisibles et de charmants paysages.

— C'est cela seulement que tu espères trouver ? dit Boïtoro, d'un air incrédule. Tu ne comptes pas voir débarquer, comme l'an passé, à la porte de l'auberge, deux belles jeunes filles accompagnées de leur mère, de leur frère aîné et de quelques serviteurs ? Tu n'as attendu impatiemment ce jour depuis si longtemps que dans l'espérance de revoir le pont laqué qui s'arrondit au-dessus de l'étang, le cèdre centenaire qui abrite l'auberge, et la figure réjouie de l'hôte ?

— Pourquoi faire violence à ces douces pensées que notre âme voilait jalousement ? dit Miodjin. Pourquoi les traîner au grand jour, comme des oiseaux de nuit que la lumière offusque ? Nous nous sommes tus depuis un an, pourquoi parler aujourd'hui ?

— Parce que nous ne sommes plus des enfants, Miodjin, et que c'est assez rêvasser comme cela : la graine enfouie sous terre cache quelque temps son mystérieux travail, puis la tige se montre et déploie son feuillage ; l'amour est comme la plante, et celui qui a germé dans nos cœurs n'attend plus qu'un rayon de soleil : le chaud regard qui le fera fleurir. L'an passé, jeunes étudiants joyeux et fous, nous n'étions pas des hommes encore et nous avons bien fait de cacher le sentiment que nous emportions, comme des voleurs un trésor ; mais aujourd'hui nos études sont terminées, nous sommes libres ; il faut nous concerter,

# Le Japon

agir promptement, ne pas attendre que d'autres nous aient pris celles que nous aimons.

— Tu as raison, ami, dit Miodjin, avec une ombre de mélancolie : je ferai ce que tu voudras."

A ce moment, les bateliers cessèrent de ramer.

" Voici le Fousi-Yama ! " s'écria l'un d'eux.

Les jeunes seigneurs se turent et se levèrent pour admirer à l'horizon le superbe mont Fousi complètement dégagé des brouillards qui, le matin, montent des rizières. Il se dressait majestueusement, drapé dans son manteau de neige ; teinté légèrement de rose par le soleil levant ; et, parmi les collines veloutées et vertes, ondulant à ses pieds, il avait l'air d'un prince au milieu des seigneurs de sa cour prosternés devant lui.

" Fûten, le dieu des vents, qui habite au sommet du mont Fousi, a soufflé sur les nuages qui environnaient sa demeure, dit Miodjin.

— Oui, dit Boïtoro, en se faisant au-dessus des yeux un auvent de sa main ouverte ; le temps est très clair, nous aurons un peu de brise dans la journée et la chaleur sera supportable, car on peut distinguer les édifices de la bonzerie située à mi-côte du Fousi-Yama."

Les bateliers se remirent à ramer, et bientôt l'embarcation se rapprocha d'un des rivages et entra dans une petite baie qui s'arrondissait ombragée par une superbe végétation, devant l'auberge des Roseaux en Fleurs.

Les lys d'eau, les iris, les minces roseaux, s'élançant comme des gerbes de fusées, parsemées de fleurs à

# Le Mariage de Yamata

forme d'étoiles, ou d'aigrettes délicates, légères comme le duvet d'un jeune canard, ne laissaient qu'un étroit passage aux barques qui amenaient des clients à l'auberge. L'habitation ne se montrait qu'à demi sous les longues branches plates du cèdre centenaire qui s'étendaient sur elle, et à travers le fouillis des plantes grimpantes entortillées à ses minces piliers de bois. Sur l'angle de la large toiture, qui s'avançait au-dessus d'une galerie extérieure, un faisan lissait au soleil ses plumes dorées ; tout à l'entour la frondaison était épaisse, impénétrable aux regards.

A un cri, poussé par les rameurs, une jeune servante, vêtue d'une robe de coton bleu et coiffée d'un grand chapeau, en paille de bambou, rabattu par un cordon sur les oreilles, sortit de la maison : l'hôte s'avança à son tour, l'éventail à la main, saluant tout en marchant.

" Ah ! ah ! disait-il, quel heureux événement, quel honneur pour mon auberge que la visite d'aussi nobles seigneurs ! "

Et, relevant un peu sa robe, il s'accroupit sur ses talons pour attacher à un pieu la corde du bateau.

Les jeunes gens sautèrent à terre et entrèrent dans l'auberge où ils se débarassèrent de leurs sabres, de leurs lourds chapeaux en laque noire décorée seulement d'un léger ornement d'or : papillon ou fleur ; puis, après avoir bu une tasse de saké, ils s'engagèrent tous deux dans une allée ombrageuse.

" Si elles allaient ne pas venir ! dit Boïtoro.

# Le Japon

— Je suis sûr qu'elles viendront," dit Miodjin.

Boïtoro regarda son ami d'un air surpris et curieux.

"Oui, j'en suis sûr, reprit Miodjin, j'ai entendu l'une d'elles dire à sa sœur — c'était près du pavillon des Milles Clochettes : " Quand nous reviendrons l'an prochain, ce jeune pêcheur aura grandi d'un sasi." Je sais même le nom de l'aînée des jeunes filles, elle s'appelle : Yamata.

— Quoi ! l'aînée ? celle que j'aime ? s'écria Boïtoro. Tu savais son nom et tu me l'as laissé ignorer pendant un an ? Mais le nom de l'autre, de ta bien-aimée à toi, le connais-tu ?

— Non," dit Miodjin, qui soudain était devenu pâle comme les cailloux du sentier.

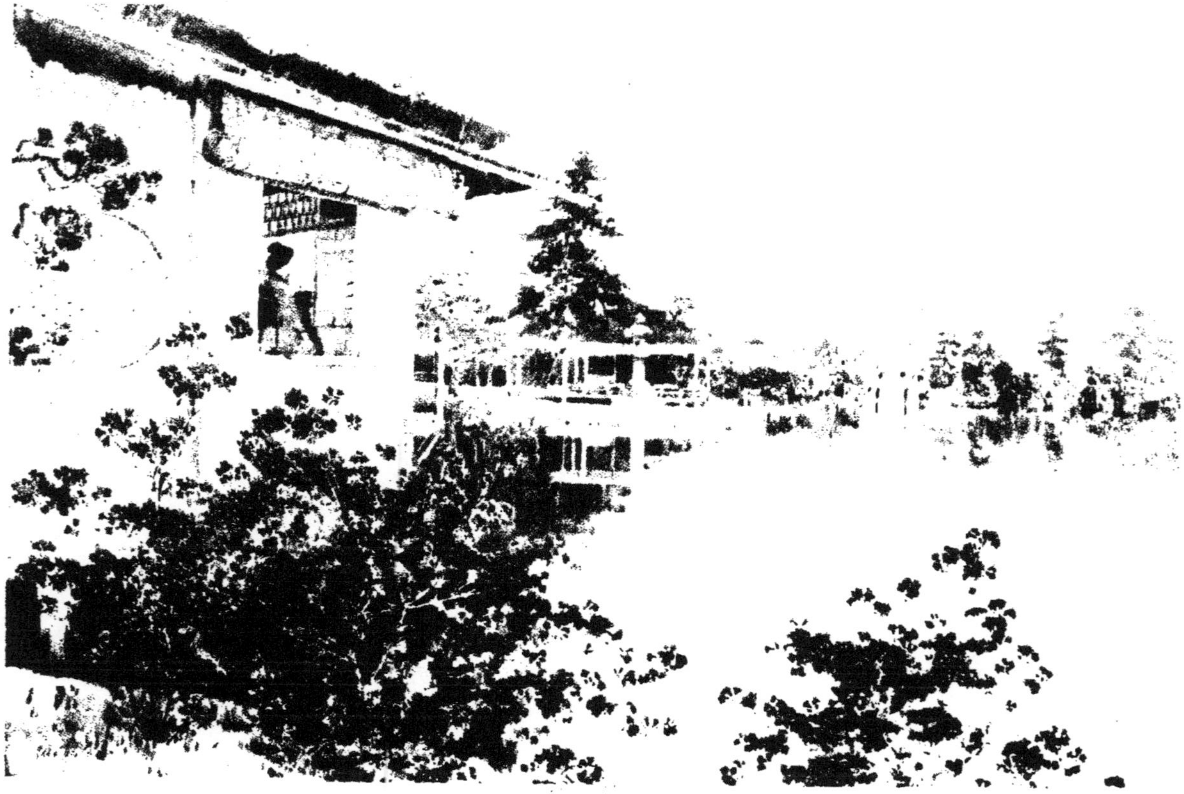

...E PAVILLON DES MILLE CLOCHETTES

# LE MARIAGE DE YAMATA

## II

Le pavillon des Mille Clochettes était un petit
belvédère, élevé au bord du fleuve dans une trouée
de feuillage.   Il se composait simplement d'une toiture,
soutenue à chaque angle par une perche en bambou ;
le plancher, assez vermoulu, était plus haut que le
terrain, et il fallait faire une grande enjambée pour y
monter.   Du côté de l'eau régnait une petite balustrade.   Il n'y avait aucune clochette au bord du toit
qui pût expliquer le nom du pavillon, si ce n'est celles
qu'y suspendaient les plantes grimpantes qui le pre-
naient d'assaut ;  mais on avait de ce lieu une vue
charmante sur le fleuve, jusqu'aux montagnes du
lointain.

Les deux jeunes gens s'étaient arrêtés là, et surveil-
laient le fleuve, car aucune barque, venant de la ville,
ne pouvait aborder à l'auberge sans passer devant eux.
Boïtoro avait allumé une petite pipe, dont le fourneau
d'argent était moins grand qu'un dé à coudre.
Miodjin, accoudé à la balustrade, s'efforçait de cacher
son trouble et sa tristesse.   Pourtant, son compagnon
remarqua sa pâleur.

« Qu'as-tu donc, ami ? dit-il.   Es-tu malade ?

# Le Japon

— N'es-tu pas comme moi ? dit Miodjin d'une voix un peu tremblante. Tout mon sang afflue à mon cœur et une vive angoisse m'étreint à mesure qu'approche l'instant si longuement attendu.

— Certes, je suis ému, dit Boïtoro ; mais mon émotion est joyeuse, mon sang court plus vite dans mes veines, je me sens léger et heureux, tandis que tu sembles souffrir.

— Mille inquiétudes m'assiègent, reprit Miodjin. Nous aimons, mais sommes-nous aimés ? Celles que nous attendons avec tant de confiance n'ont-elles pas depuis longtemps disposé de leur cœur ? J'ai de tristes pressentiments : tout à l'heure j'ai cru voir un renard grimacer derrière le tronc d'un cèdre.

— Trêve aux funestes présages ! s'écria Boïtoro. Voici venir la barque tant désirée."

Un large bateau s'avançait, en effet, au tournant de l'O-gava, et l'on entendait comme un bourdonnement de musique. Les deux amis se penchèrent vers l'eau et s'efforcèrent de distinguer les personnes qui montaient la barque. On n'apercevait encore qu'une masse brillante dont les vives couleurs se reflétaient, en ondoyant, dans le fleuve. On ne voyait nettement que les bateliers, debout à l'avant, et dont les silhouettes se profilaient sur le ciel ; mais bientôt on distingua les banderoles flottantes dont l'embarcation était pavoisée, les parasols roses en papier de fibres de bambous, et les belles toilettes des femmes assises à l'arrière.

# Le Mariage de Yamata

**Les** rayons du soleil jouaient sur le groupe, arrachant par-ci par-là un scintillement, et faisant danser mille étincelles sur l'eau remuée par les rames. Tout à coup, Miodjin s'écria :

" Ce sont elles !

— Oui ! oui ! dit Boïtoro qui s'abritait du soleil avec son éventail ; Yamata est adossée à la cloison de la cabine."

La barque glissa bientôt devant le pavillon des Mille Clochettes. Deux jeunes filles, et une femme d'un âge mûr, étaient assises à l'arrière entourées des flots soyeux de leurs robes. De larges épingles en écaille blonde étaient piquées dans leurs cheveux noirs et leur faisaient comme une couronne de rayons ; leur teint couleur de crème était légèrement rosé par la transparence des parasols.

L'une des jeunes filles leva la tête vers le pavillon et sourit en apercevant les deux jeunes gens ; on vit briller un instant ses dents pareilles à des grains de riz.

A l'avant de la barque, un jeune homme, élégamment vêtu, courbé en deux, rattachait les cordons de sa chaussure ; la lumière miroitait sur son chapeau de laque noire en forme de bouclier. Des serviteurs s'occupaient des paniers chargés de provisions. Dans l'intérieur de la cabine, visible par les larges ouvertures, une chanteuse de légendes nationales, louée sans doute pour charmer les promeneurs par son talent musical, était accroupie sur le sol et faisait résonner les cordes

# Le Japon

de son biva, en chantant d'une voix aiguë une romance populaire.

'Sur l'eau silencieuse, dans l'air tranquille, les paroles de la chanson vibraient clairement :

" Voici, dit la fée au vieillard, deux corbeilles, l'une très lourde, l'autre légère. Emporte celle que tu préfères.

" Pour un pauvre vieux comme moi, dit l'homme, la plus légère sera assez lourde encore. Et il prit la moins pesante.

" Comme la fée le lui avait ordonné, il n'ouvrit la corbeille qu'après être rentré chez lui. Elle était pleine des plus beaux habits.

" Sa méchante femme lui demanda d'où cela provenait, et lorsqu'il le lui eût dit, elle pensa qu'elle pouvait bien, elle aussi, rencontrer la fée.

" Elle s'en alla donc sur la colline et vit en effet venir la fée. Tu m'as maltraitée, lui dit celle-ci, lorsque j'étais chez toi, sous la forme d'un moineau : choisis cependant entre ces deux corbeilles.

" La femme prit la plus pesante et s'en revint toute fière à la maison ; mais lorsqu'elle ouvrit la corbeille, deux affreux singes rouges s'en échappèrent et s'enfuirent en lui faisant des grimaces."

La barque disparut derrière les lys d'eau et les iris dans la petite baie qui s'arrondit devant l'auberge. La chanteuse se tut.

Boïtoro quitta précipitamment le pavillon et courut vers le débarcadère. Miodjin le suivit à distance et

# Le Mariage de Yamata

se dissimula derrière les arbres ; il vit son compagnon s'avancer vers les nouveaux venus et les saluer gracieusement.

« Ah . . . ah . . . s'écria le frère des jeunes filles avec bonne humeur. Nous retrouvons même compagnie que l'an passé ; la journée sera joyeuse.

—J'avais l'idée que nous nous reverrions, dit la mère, dont la large face s'épanouissait dans un bon sourire.

—L'espoir de vous retrouver nous a ramenés sur cette rive, dit Boïtoro, en jetant un regard à Yamata.

—Votre ami n'est donc pas avec vous ? J'avais crû l'apercevoir dans le pavillon," demanda la plus jeune fille en soulevant la large manche de sa robe, et en se cachant un peu derrière l'épaule de sa sœur.

Elle était mignonne, petite, avait l'air vif et curieux d'un oiseau. Sa robe bleue, ramagée de fils d'or, bridait sur ses hanches, un nœud énorme bouffait derrière sa taille, elle tenait gentiment au-dessus des grandes épingles de sa coiffure son parasol rose et bleu. Sa sœur avait une beauté plus grave, doucement voilée de mélancolie ; ses longs yeux aux prunelles sombres laissaient échapper un éclat brûlant et douloureux ; son sourire triste était plein de charme.

Miodjin s'était avancé en entendant la jeune fille s'informer de lui ; son regard se croisa avec celui de Yamata, mais celle-ci détourna aussitôt les yeux.

« Le voilà, dit tout bas la plus jeune fille à sa sœur.

# Le Japon

—Tais-toi, Mizou, murmura Yamata ; mets un voile sur ta joie."

Mizou fit une petite moue mutine et déploya son éventail pour regarder à travers.

" Allons, Fûten, dit la mère, s'adressant à son fils, prie ces jeunes seigneurs de vouloir bien se joindre à nous pour passer cette journée champêtre, puisque nous avons eu la bonne chance de les retrouver.

—Ma vénérable mère, la noble Yakouna, a dit à haute voix ce que je pensais tout bas, répondit Fûten en s'inclinant avec un sourire devant les deux amis.

—Eh bien, c'est entendu, s'écria Boïtoro, et fasse le ciel que cette journée ne soit pas la seule que nous passions ensemble."

Fûten fit une joyeuse cabriole et s'enfuit en courant à travers le bois.

Bientôt toute la compagnie s'enfonça sous les ombrages avec de petits cris de joie, et cette allure d'oiseaux envolés que prennent les habitants des villes en arrivant à la campagne.

On cherchait une bonne place sur l'herbe pour déjeuner. Chacun criait qu'il avait trouvé le plus joli coin, et l'on courait de-ci de-là, gaiement.

Mais Boïtoro avait rejoint Fûten, le frère des jeunes filles ; c'était un joyeux garçon à la face ronde, marqué de petite vérole, aux lèvres épaisses, au regard malicieux sous ses paupières bridées. Il avait relevé sa robe, et fixé un des pans dans sa ceinture, pour ne pas être, en

# Le Mariage de Yamata

gambadant, incommodé par les broussailles ; on voyait à nu ses mollets bruns et nerveux.

" Tu n'as pas de frère, seigneur Fûten ? dit Boïtoro en marchant à côté du jeune homme.

— Je n'ai pas de frère, c'est moi le chef de la famille, dit Fûten, en se donnant un air d'importance comique.

— Et tu te plais dans la société exclusive des femmes ?

— Le poisson nage dans la rivière où il est né. Pourtant, je prie tous les jours la déesse soleil de m'envoyer deux beaux-frères de mon goût.

— Avec la beauté dont sont douées tes sœurs, Ten-Sio-Dai-Tsin aura peu de chose à faire pour te protéger.

— Ah . . . tu ne les connais pas, s'écria Fûten, en mordant ses lèvres pour ne pas rire ; elles sont coquettes, capricieuses, dépensières, au point d'effrayer le mari le plus généreux.

— Eh bien, je serais heureux de me soumettre aux caprices de Yamata," dit Boïtoro en poussant un soupir.

Fûten devint tout à coup sérieux.

" Si c'est au chef de famille que tu parles, dit-il, ne plaisantes plus. Tu voudrais épouser ma sœur : qui es-tu d'abord ?

— Je parlerai en mon nom et au nom de mon ami Miodjin qui aime ta plus jeune sœur, dit Boïtoro : nous ne sommes pas parents, et pourtant il est toute ma famille comme je suis toute la sienne : tous deux

# Le Japon

orphelins, nous nous sommes connus sur les bancs de l'école et nous nous sommes aimés. Il est Samouraï[1] comme moi, nos fortunes sont suffisantes et nous en sommes maîtres depuis quelques mois. Voici un an que nous aimons secrètement tes sœurs et nous étions revenus ici pour conclure les mariages.

—Eh bien, je songerai à cela," dit Fûten, et il reprit son air enjoué et se mit à courir parmi les arbres, défiant Boïtoro de l'attraper.

On avait choisi le lieu du repas, et les serviteurs l'entouraient de nattes de roseaux qui formaient comme une muraille. Ils étalaient aussi des nattes sur l'herbe épaisse et y disposaient les provisions sur de petites tables basses, en laque noire fleurie d'or. Des bouilloires, des bols de porcelaine à ramages bleus, les mets chauds fournis par l'aubergiste, le riz, le saké, couvrirent bientôt le sol.

La chanteuse de légendes, après avoir installé son pupitre orné de deux gros glands rouges et appuyé contre le pupître le biva silencieux, se promenait, en cueillant des fleurs. Les nouveaux amis causaient par groupes. Mais bientôt la mère de famille frappa dans ses mains en criant :

" C'est prêt . . . c'est prêt."

Et tout le monde se rassembla, s'accroupit en rond, et l'on s'arma de petits bâtonnets, de laque ou d'ivoire, que l'on tient d'une seule main et que l'on fait manœuvrer comme des pinces. Chacun attaqua le repas.

[1] Titre de noblesse.

YAMATA ET MIZOU

# Le Mariage de Yamata

Boïtoro était très gai ; il riait et plaisantait avec son futur beau-frère, tout en dévorant des yeux la belle Yamata. Mizou, elle aussi, semblait heureuse: elle regardait Miodjin en-dessous avec des demi-sourires ; mais celui-ci, pâle et silencieux, tenait ses regards obstinément baissés et mangeait à peine.

Yamata, elle non plus, ne mangeait rien.

Fûten avait dit quelques mots à l'oreille de la chanteuse de légendes qui avait accordé son biva, et chantait maintenant des vers qu'elle improvisait. Ces vers se rapportaient aux préoccupations secrètes de tous ; ils parlaient de jeunes gens, assis sur l'herbe, dînant ensemble pour la première fois. Songeant au repas de famille qui rassemble chaque jour ceux qui s'aiment, ils buvaient du saké dans des tasses emmaillottées de paille, mais pensaient qu'il serait plus doux de vider le joli vase à deux goulots où l'on boit le jour des noces.

" Qui sait ce qui arrivera ? dit-elle en terminant. Cela dépend du dieu des vents, il soufflera ici ou là, rassemblant ou séparant."

Cette allusion au nom de Fûten, qui est aussi celui du Génie des Vents, était transparente ; tous levèrent les yeux vers Fûten avec des sourires.

" Allons, s'écria-t-il gaiement, il faut offrir quelques libations à ce génie capricieux afin qu'il souffle au gré de chacun. Reçois ceci, Fûten."

Et il vida d'un seul trait une pleine coupe de saké.

# Le Japon

Toute la société se prit à rire, hormis Yamata et Miodjin.

Le repas se prolongea longtemps, puis l'on dansa autour des restes. Fûten proposa la ronde du riz, mais il était seul à en connaître les figures nombreuses et compliquées ; on s'embrouilla, on s'essouffla, et chacun finit par s'étendre sur l'herbe pour sommeiller.

Le soir, on illumina les embarcations et on s'en revint lentement vers la ville. Les deux barques glissaient côte à côte, balançant leurs grosses lanternes rondes. La chanteuse de légendes affleurait distraitement les cordes de son instrument.

Du côté de la ville, une grande lueur s'épandait dans le ciel : c'était Tokio qui s'allumait. A mesure qu'on s'en approchait, une rumeur grossissait : des cris, des musiques. A chaque moment, des pièces d'artifices éclataient dans l'air.

" La fête dure encore," disait Fûten debout à l'avant du bateau.

Les bords d'un fleuve étaient obscurs cependant. Les magasins, les entrepôts, les bureaux d'expédition, qui l'enferment entre les files de leurs bâtisses régulières soulevées sur les pilotis, n'avaient pas une lumière ; le feston ininterrompu, formé par leurs toitures, se découpait en noir sur les clartés vives des rues voisines.

Les barques passèrent sous un pont très vaste, courbé comme un arc tendu ; puis, bientôt, elles s'engagèrent dans un large canal, plus petit, où elles

# Le Mariage de Yamata

s'arrêtèrent ; la demeure des jeunes filles étant un peu éloignée, on devait s'y rendre à pied.

" Nous allons vous reconduire, dit Boïtoro, nous saurons ainsi où votre maison est située.

—Tâchons de ne pas nous perdre dans la foule, dit Fûten, et gare aux voleurs."

Et ils prirent leur élan, pour s'engager au milieu de la cohue, comme s'ils se jetaient dans des flots agités.

Le lendemain, dès le matin, les deux amis sortirent dans la campagne et se mirent à la recherche d'un joli arbuste, assez semblable au nerprun, dont le feuillage reste toujours vert.

Lorsqu'ils eurent trouvé l'arbuste, ils tirèrent leur sabre et coupèrent chacun une branche. Mais, après un instant de réflexion, Miodjin rejeta la sienne dans le buisson.

" Pourquoi fais-tu cela ? dit Boïtoro.

—Parce qu'il ne serait pas convenable de demander les deux jeunes filles en même temps, dit-il ; lorsque le sort de l'aînée sera fixé, il sera temps de songer à la plus jeune.

—C'est juste, dit Boïtoro en baissant la tête ; mon pauvre ami, ton bonheur va donc être retardé.

—J'attendrai," dit Miodjin avec un triste sourire.

Ils revinrent à la ville et gagnèrent la maison où habitaient les jeunes filles.

Boïtoro se fit prêter un escabeau par un marchand voisin et se mit en devoir d'accrocher la branche verte

# Le Japon

au-dessus de la porte d'entrée de la maison de Fûten ; puis il s'éloigna, et tous deux allèrent se poster, en observation, à l'angle de la rue.

Bientôt un serviteur, qui sortait de la maison, leva le nez, vit la branche suspendue, ce qui le fit rentrer précipitamment. Quelques instants après, la famille sortit à son tour, regarda la branche quelques instants, puis rentra.

" Hélas ! gémit Boïtoro qui ne quittait pas la maison des yeux, serai-je refusé ? "

Mais la porte se rouvrit : une servante, portant un marchepied en laque verte, parut, suivie de Yamata, pâle d'émotion. Soutenue par la servante, la jeune fille monta lentement le marchepied, détacha la branche, et l'emporta dans la maison.

"Elle m'agrée . . . elle m'agrée . . ." s'écria Boïtoro, qui traversa la rue en courant pour entrer chez sa fiancée.

Et, tout à son bonheur, il ne vit pas le trouble de Miodjin qui, au lieu de suivre, s'appuya à la muraille les yeux pleins de larmes.

Le jour fixé pour les noces de Yamata et de Boïtoro se leva, et les invités, dans leurs toilettes les plus brillantes, se rendirent au logis de la fiancée. Elle les reçut avec un sourire triste, très pâle, dans sa robe nuptiale.

Boïtoro était grave et heureux, Fûten avait mis momentanément une sourdine à sa gaîté bruyante ; la mère de la mariée essuyait une larme. Miodjin

# Le Mariage de Yamata

s'empressait avec une sorte d'affectation, autour de la jeune Mizou.

Quand tout le monde fut arrivé, les cérémonies commencèrent : on se rassembla dans la cour intérieure de l'habitation, au milieu de laquelle un grand feu flambait.

Deux jeunes filles, vêtues de robes d'azur brodées de grands papillons d'or, s'avancèrent gracieusement. Ces jeunes filles représentaient un couple de ces jolis insectes, tout ailes, tout amour, qui symbolisent la félicité conjugale. Elles tenaient chacune une anse d'une grande corbeille pleine de jouets d'enfants, qu'elles jetèrent successivement dans le brasier.

" L'enfant joueur n'est plus, disait l'un.

—La fillette se transforme en femme, comme la chrysalide devient papillon.

—Les poupées ont vécu, désormais tu berceras tes fils.

—Tu souriras à ton époux, tu surveilleras le ménage."

Et les jouets l'un après l'autre tombaient dans la flamme qui pétillait. Lorsqu'il n'en resta plus un seul, les deux papillons frappèrent dans leurs mains, en criant :

" Partons . . . partons . . ."

Alors la mère de famille éclata en sanglots ; Mizou souleva sa large manche, lourde de broderies, jusqu'à la hauteur de ses yeux ; Fûten baissa la tête, tandis que Yamata se cachait le visage dans ses voiles blancs.

Cette toilette nuptiale, couleur de deuil, signifiait que la jeune fille était morte désormais pour sa famille, qu'elle était toute à l'époux qui devenait son maître.

Les invités alors sortirent dans la rue et firent cortège à la fiancée, se rendant à la demeure de son mari.

Boïtoro et Miodjin s'étaient échappés sans être vus, et l'époux était déjà chez lui, installé dans le salon d'honneur, lorsque le cortège arriva. Il reçut sa femme avec les marques de l'estime et de la joie la plus profonde, puis engagea les invités à boire du saké et à se divertir ; mais les jeunes filles papillons conduisirent les fiancés devant les images des dieux domestiques appendus à la muraille. Ils durent s'accroupir là, en face l'un de l'autre, et vider, jusqu'à la dernière goutte, un petit vase de métal plein de saké. Ce vase que tenait une des jeunes filles par un long manche, avait deux goulots. Chacun des fiancés buvait à celui qui était à la hauteur de ses lèvres.

" C'est ainsi que côte à côte vous boirez la vie, disaient les papillons.

— La même liqueur vous désaltèrera, douce ou amère.

— Tout est commun désormais entre vous, joies et peines.

— Buvez, buvez. Les premières gorgées sont enivrantes.

— Faites que rien ne trouble le breuvage, que rien ne l'aigrisse et ne le change en poison.

# Le Mariage de Yamata

— Qu'il soit au contraire, jusqu'à la dernière goutte, un philtre d'amour et de bonheur."

Les époux se relevèrent, ils étaient unis pour la vie.

Tous les assistants se répandirent alors dans les appartements, pour admirer le superbe trousseau de la mariée qui y était exposé, ainsi que les meubles qu'elle apportait : nattes, paravents, miroirs de toilettes, coffrets de laque, ustensiles de cuisine. Puis on servit le repas dans une galerie donnant sur le jardin.

Vers la fin du dîner, lorsque tout le monde fut ivre, Yamata, qui avait tenu ses yeux constamment baissés, les releva et chercha Miodjin du regard. Elle l'aperçut à quelque distance, presque en face d'elle. La contraction douloureuse et la pâleur de son visage l'effrayèrent, et elle lui fit un signe pour lui indiquer qu'elle voulait lui parler, mais le jeune homme ne la vit pas, il s'était levé et dirigé vers le jardin. Yamata se leva aussi et le suivit. Elle le chercha quelques instants dans le jardin obscur, un sanglot etouffé le lui fit découvrir ; il s'était jeté à plat ventre sur l'herbe, et pleurait, la tête dans ses mains.

" Frère . . . frère . . . dit Yamata en s'agenouillant près de lui. Tu pleures, hélas ! qu'as-tu donc ? Que t'es-t-il arrivé ? "

Le jeune homme se leva vivement :

" Toi . . . toi ici . . . s'écria-t-il ; ah . . . laisse-moi . . . laisse-moi . . . je ne suis plus maître de mon cœur ;

# Le Japon

ma douleur trop longtemps contenue le brise ; elle déborde, je ne puis plus la retenir, et tu ne dois pas la voir.

— Ne suis-je pas ta sœur ? dit Yamata doucement. Aurais-tu de l'aversion pour moi que tu ne veux pas me permettre de partager tes chagrins ?

— Mais tu n'as donc rien deviné, s'écria Miodjin, que tu as le cœur de venir ainsi m'insulter par ton bonheur ?

— Mon bonheur ?

— Tu n'as donc pas compris que depuis un an c'est toi que j'avais épousé et que depuis un mois je souffre."

Yamata poussa un cri sourd et chancela un instant.

" Il m'avait choisie, murmura-t-elle.

— Boïtoro, lui aussi, te voulait pour femme, et il était plus digne que moi de ton affection. J'ai voilé ma pensée pour ne pas attrister sa joie. Laisse-moi pleurer maintenant.

— Hélas ! hélas ! qu'avons-nous fait, Miodjin ? s'écria Yamata en éclatant en sanglots. Moi aussi, depuis un an je pensais à vous, mais ma jeune sœur y pensait aussi, et j'ai caché mes sentiments pour ne pas gêner le sien."

Les deux jeunes gens, atterrés par cet aveu, se regardèrent longtemps en silence, dans la demi-obscurité, chancelants, étourdis.

" Mon frère, dit bientôt la jeune fille à travers ses larmes, il faut nous résigner, je suis la femme de Boïtoro.

# Le Mariage de Yamata

—Pourquoi avez-vous fait cela ? pourquoi l'avoir accepté ?

—Ah . . . pour mille raisons qui me paraissent mille pièges aujourd'hui. J'avais laissé voir à ma sœur que j'aimais un des étrangers rencontrés à l'auberge des Roseaux en Fleurs ; que sais-je ? je me suis persuadée que c'était elle que tu recherchais, j'ai craint d'éveiller ses soupçons en refusant Boïtoro. Pour qu'ils soient heureux, ils doivent ignorer notre peine. Nous sommes les victimes, aussi subissons la destinée, ne devenons pas bourreaux. Ma sœur t'attend ; lui, semble m'aimer profondément. Ne leur faisons pas souffrir ce que nous souffrons. Sacrifions nos plaintes vaines à leur bonheur, puisque notre malheur à nous, est irréparable.

—Non, non . . . s'écria Miodjin, pourquoi seraient-ils heureux plutôt que nous ?

—Miodjin, dit-elle, aurais-tu moins de courage qu'une femme ? "

Il baissa la tête en silence, et appuya la main sur ses yeux, et après un moment, il dit :

" C'est bien, ma sœur, tu as l'âme d'un héros, je ne serais pas au-dessous de toi. Je suis au bord du gouffre sans fond où toute ma part de bonheur s'est abîmée, le faible espoir qui me restait encore vient d'y tomber à son tour. Je me soumets, ordonne : que dois-je faire ?

—Tu dois épouser ma sœur, dit Yamata en cherchant à raffermir sa voix mouillée de larmes ; tu dois la rendre heureuse par amour pour moi, comme j'aimerai mon époux en souvenir de toi.

—J'obéirai, dit Miodjin; j'achèverai le sacrifice qu'une tendre amitié nous a imposé. Dès demain, j'accrocherai à sa porte le rameau emblématique.

—Merci, dit-elle, tu es un homme. Le ciel nous recompensera, dans une autre existence, d'avoir su, par dévouement, renoncer au bonheur terrestre. Adieu, mon frère . . . adieu.

—Adieu . . . adieu . . .'' murmura Miodjin, tandis que Yamata s'enfuyait en essuyant ses larmes.

Et lorsqu'il ne vit plus voltiger son voile blanc à travers les arbres, il se jeta sur le gazon, pour étouffer le bruit déchirant de ses sanglots.

FIN

# TABLE DES MATIÈRES


|  | PAGES |
|---|---|
| Préface, par Jean Aicard | 7 |

**LE JAPON**

| | |
|---|---|
| Ses origines | 15 |
| L'histoire | 17 |
| Les noms | 19 |
| Tokio | 19 |
| Le Fousi-Yama | 24 |
| Les temples | 25 |
| Des différents types | 27 |
| Les costumes anciens | 28 |
| L'heure Japonaise | 30 |
| De la force physique | 30 |
| La loi | 34 |
| Les fêtes | 38 |
| Les jardins | 40 |
| L'art | 44 |
| Fabrication de la laque | 53 |

**CONTES ET LÉGENDES**

| | |
|---|---|
| La cérémonie du thé | 59 |
| Une fête chez le Mikado | 69 |
| La colline du printemps | 79 |
| Le mariage de Yamata (I) | 85 |
| Le mariage de Yamata (II) | 93 |

# TABLE DES ILLUSTRATIONS


Marchande de Chrysanthèmes — *Frontispice*

PAGES

Portique sacré — 12

Le Temple — 21

Eventaire du marchand de poupées où tous les costumes nationaux
se trouvent exposés — 32

La Fête des Lanternes — 41

Jardin japonais — 52

La rue de Mouromati — 61

Maison de thé — 72

Au Palais de l'Eau Jaillissante — 81

Le Pavillon des Mille Clochettes — 92

Yamata et Mizou — 101

En route pour le temple — *Couverture*

*Carte du Japon, page 4*

LES ARTS GRAPHIQUES
IMPRIMEURS-ÉDITEURS
VINCENNES

www.ingramcontent.com/pod-product-compliance
Ingram Content Group UK Ltd.
Pitfield, Milton Keynes, MK11 3LW, UK
UKHW031845170726
13836UKWH00004B/1898